«DÉJEME DECIRLE, A RIESGO DE PARECER RIDÍCULO, QUE EL REVOLUCIONARIO VERDADERO ESTÁ GUIADO POR GRANDES SENTIMIENTOS DE AMOR.»

ERNESTO CHE GUEVARA

ERNESTO CHE GUEVARA

CHE

LOS DIARIOS DE
ERNESTO CHE GUEVARA

AHORA UNA GRAN PELÍCULA

CHE

DE STEVEN SODERBERGH
Y BENICIO DEL TORO

Ocean Press

Melbourne ■ New York
www.oceanbooks.com.au

Cover design: Ocean Press
Cover art © 2008 IFC in Theaters LLC
Cover photo: Benicio del Toro as Che Guevara

Text and photographs from *Pasajes de la guerra revolucionaria* and *El diario del Che en Bolivia* by Ernesto Che Guevara Copyright © 2009 Aleida March and the Che Guevara Studies Center

Text from *Notas de viaje, Otra Vez, Che Guevara Presente, Guerra de guerrillas, América Latina* and *Che desde la memoria* by Ernesto Che Guevara Copyright © 2009 Aleida March and the Che Guevara Studies Center

This limited edition selection from *Pasajes de la guerra revolucionaria, El diario del Che en Bolivia* and other works by Ernesto Che Guevara Copyright © 2009 Ocean Press

ISBN 978-1-921235-48-1
Library of Congress Catalog Card Number: 2009920994

First Printed 2009
Printed in the USA

PUBLISHED BY OCEAN PRESS

E-mail: info@oceanbooks.com.au
Australia: GPO Box 3279, Melbourne, Victoria 3001, Australia
USA: 511 Avenue of the Americas, #96, New York, NY 10011-8436, USA

OCEAN PRESS TRADE DISTRIBUTORS

United States and Canada: **Consortium Book Sales and Distribution**
                    Tel: 1-800-283-3572 www.cbsd.com
Australia and New Zealand: **Palgrave Macmillan**
                    E-mail: customer.service@macmillan.com.au
Mexico and Latin America: **Ocean Sur**
                    E-mail: info@oceansur.com

www.oceanbooks.com.au
info@oceanbooks.com.au

ÍNDICE

SEGUNDA PARTE: EL GUERRILLERO

ERNESTO CHE GUEVARA

Ernesto Guevara de la Serna nació en Rosario, Argentina, el 14 de junio de 1928. Aún siendo estudiante de Medicina en Buenos Aires y después que se graduó como médico, viajó a través de América Latina. Residió en Guatemala en 1954, durante el Gobierno electo de Jacobo Árbenz, allí participó en actividades políticas y fue testigo del derrocamiento de este Gobierno por una operación militar organizada por la CIA. Obligado a abandonar Guatemala bajo amenaza de muerte, Guevara se traslada a Ciudad de México, donde se vincula con revolucionarios cubanos exiliados, que preparaban la insurrección contra el dictador Fulgencio Batista. En julio de 1955 conoce a Fidel Castro y de inmediato pasa a formar parte de la expedición guerrillera que éste organizaba. Los cubanos le pusieron el sobrenombre Che, una forma común de dirigirse a las personas en Argentina. Entre el 25 de octubre y el 2 de diciembre de 1956, Guevara navegó en el yate Granma hacia Cuba junto a los combatientes que iniciarían la lucha armada revolucionaria en las montañas de la Sierra Maestra. Originalmente su misión era la de médico de las tropas, pero llega a convertirse en el primer comandante del Ejército Rebelde en julio de 1957. En septiembre de 1958, Guevara y Camilo Cienfuegos marchan al frente de las columnas guerrilleras que parten desde la Sierra Maestra hacia el centro de la Isla. Mediante una feroz lucha

logran extender las operaciones de los rebeldes hacia gran parte
del territorio de Cuba. A finales de diciembre de 1958, Ernesto
Guevara dirige las tropas rebeldes en la batalla de Santa Clara,
una decisiva y resonante victoria del ejército revolucionario en
la guerra de liberación. Tras el triunfo de los rebeldes el 1ro de
enero de 1959, Guevara se convierte en uno de los líderes más
importantes del Gobierno Revolucionario. En septiembre de 1959
comienza a trabajar como jefe del Departamento de Industria
del Instituto Nacional de la Reforma Agraria; en noviembre del
mismo año es nombrado Presidente del Banco Nacional de Cuba
y en febrero del 1961 es Ministro de Industrias. Fue además
dirigente de la organización política que en 1965 se convierte en
el Partido Comunista de Cuba. Ernesto Guevara se desempeñó
brillantemente como representante de Cuba en todo el mundo
y encabezó numerosas delegaciones en Naciones Unidas y otros
forums internacionales. En abril de 1965, Guevara se marcha de
Cuba para participar de forma directa en las luchas revolucionarias
de otros países. Pasó varios meses en el Congo y regresa a Cuba en
secreto en diciembre de 1965. Viaja a Bolivia en noviembre de 1966
para ponerse al frente de un grupo guerrillero que se enfrentaría a
la dictadura militar de aquel país. Es herido y capturado por tropas
contrainsurgentes bolivianas, entrenadas por Estados Unidos, el
8 de octubre de 1967. Al día siguiente, Ernesto Che Guevara fue
asesinado.

«LA BANDERA BAJO LA QUE SE
LUCHA ES LA CAUSA SAGRADA DE LA
REDENCIÓN DE LA HUMANIDAD.»

ERNESTO CHE GUEVARA

CRONOLOGÍA DE ERNESTO CHE GUEVARA

14 de junio de 1928 Nace Ernesto Guevara en Rosario, Argentina; hijo de Ernesto Guevara Lynch y de Celia de la Serna.

1945-51 Guevara ingresa en la Escuela de Medicina de Buenos Aires.

Enero-julio de 1952 Ernesto Guevara visita Perú, Colombia y Venezuela. Durante su estancia en Perú trabaja en un leprosorio curando pacientes.

10 de marzo de 1952 Fulgencio Batista da un golpe de Estado en Cuba.

Marzo de 1953 Guevara se gradúa de médico.

6 de julio de 1953 Guevara viaja por América Latina. Visita Bolivia, donde observa el impacto de la revolución de 1952.

26 de julio de 1953 Fidel Castro dirige un ataque armado contra el Cuartel Moncada en Santiago de Cuba, inicia así la lucha revolucionaria para derrocar el régimen de Batista. El ataque fracasa y las tropas de la dictadura masacran a más de 50 combatientes capturados. Muy pronto Fidel Castro y otros sobrevivientes son encarcelados.

Diciembre de 1953 Ernesto Guevara sostiene en San José de Costa Rica el primer encuentro con un grupo de sobrevivientes del ataque al Cuartel Moncada.

20 de diciembre de 1953 Guevara llega a Guatemala, entonces bajo el gobierno del presidente electo Jacobo Árbenz.

27 de diciembre de 1953 En Ciudad Guatemala, Guevara conoce a Ñico López, uno de los asaltantes al Cuartel Moncada.

Enero-junio de 1954 Guevara no encuentra trabajo como médico en Guatemala y realiza varias labores. Estudia marxismo y se involucra en las actividades políticas en las que conoce a revolucionarios cubanos exiliados.

17 de junio de 1954 Fuerzas mercenarias apoyadas por la CIA invaden Guatemala. Guevara se ofrece como voluntario para luchar.

26 de junio de 1954 Árbenz renuncia.

21 de septiembre de 1954 Guevara llega a Ciudad México tras huir de Guatemala.

15 de mayo de 1955 Fidel Castro y otros asaltantes al Cuartel Moncada son liberados de la prisión en Cuba, gracias a una enorme campaña pública en defensa de sus derechos civiles.

Junio de 1955 Guevara se encuentra con Ñico López quien también está en Ciudad México. Algunos días después López organiza un encuentro entre Guevara y Raúl Castro.

7 de julio de 1955 Fidel Castro llega a México con el objetivo de organizar una expedición armada hacia Cuba.

Julio de 1955 Ernesto Guevara conoce a Fidel Castro e inmediatamente se convierte en el tercer miembro confirmado de la futura expedición guerrillera. Guevara comienza a entrenar a los combatientes y los cubanos comienzan a llamarlo Che.

25 de noviembre de 1956 Desde Tuxpan, México, zarpa el yate *Granma* con 82 combatientes hacia Cuba. Entre ellos va Ernesto Guevara.

2 de diciembre de 1956 El *Granma* llega a Cuba por playa Las Coloradas, antigua provincia de Oriente. Los expedicionarios son sorprendidos por las tropas de Batista y se dispersan. La mayoría de los guerrilleros son capturados o asesinados. Guevara resulta herido.

21 de diciembre de 1956 El grupo de Guevara se reúne con Fidel Castro. En ese momento hay 15 guerrilleros en el Ejército Rebelde.

17 de enero de 1957 El Ejército Rebelde ataca un puesto de avanzada del ejército de la tiranía; es el combate de La Plata.

28 de mayo de 1957 Tiene lugar el combate de El Uvero, Sierra Maestra. Esta es una importante victoria para el Ejército Rebelde que culminó con la toma del cuartel del lugar, muy bien custodiado.

Julio de 1957 El Ejército Rebelde organiza una segunda columna. Se elige al Che para dirigirla y es ascendido a comandante.

24 de mayo de 1958 Batista lanza una fuerte ofensiva militar contra el Ejército Rebelde en la Sierra Maestra. La ofensiva fracasa.

31 de agosto de 1958 Guevara encabeza una columna invasora desde la Sierra Maestra hasta la provincia de Las Villas, en la zona central de la Isla. Algunos días antes, la columna invasora al mando de Camilo Cienfuegos había recibido la orden de llegar hasta Pinar del Río, en el extremo occidental del país.

16 de octubre de 1958 La columna invasora encabezada por Guevara llega a las montañas del Escambray. Días después de llegar al lugar firma el Pacto de El Pedrero con el Directorio Revolucionario "13 de Marzo", el cual tenía una base guerrillera en el Escambray.

Diciembre de 1958 Las columnas rebeldes comandadas por Che Guevara y Camilo Cienfuegos, a las que se suman el Directorio Revolucionario "13 de Marzo" y una tropa guerrillera del Partido Socialista Popular, toman varios pueblos en Las Villas y dividen la Isla a la mitad de forma efectiva.

28 de diciembre de 1958 La columna comandada por Ernesto Guevara comienza la batalla de Santa Clara, capital de la antigua provincia de Las Villas.

1ro. de enero de 1959 Batista huye de Cuba. Toma el poder una junta militar, pero Fidel Castro se opone a que sea escamoteado el triunfo a los revolucionarios y aboga porque continúe la lucha. Cae Santa Clara en manos de las tropas rebeldes. Fidel ordena a Camilo y a Che que se dirijan inmediatamente hacia La Habana.

2 de enero de 1959 Los trabajadores cubanos responden al llamado de Fidel a la huelga general y se paraliza el país. Las columnas del Ejército Rebelde que protagonizaron la invasión llegan a La Habana.

8 de enero de 1959 Fidel Castro entra en la capital, es recibido por cientos de miles de personas.

7 de febrero de 1959 Ernesto Guevara es declarado ciudadano cubano en reconocimiento a su contribución a la libertad de Cuba.

16 de febrero de 1959 Fidel Castro se convierte en primer ministro.

17 de mayo de 1959 Se proclama la primera Ley de Reforma Agraria para distribuir la tierra entre los que la trabajan.

7 de octubre de 1959 Se nombra a Guevara presidente del Departamento de Industria del Instituto Nacional de la Reforma Agraria (INRA).

21 de octubre de 1959 Después de un intento por iniciar un levantamiento contrarrevolucionario, Hubert Matos, entonces comandante militar de la provincia de Camagüey, es arrestado por el jefe del ejército, Camilo Cienfuegos.

28 de octubre de 1959 Camilo Cienfuegos regresa a La Habana en un avión que cae al mar y dasaparece.

26 de noviembre de 1959 Ernesto Guevara es nombrado Presidente del Banco Nacional de Cuba.

Julio-octubre de 1960 En respuesta a la supresión de la cuota azucarera, el bloqueo norteamericano y otras acciones de los industriales y comerciantes locales, el Gobierno Revolucionario nacionaliza todas las industrias y bancos, tanto cubanos como extranjeros.

17 a 19 de abril de 1961 Invasión de mercenarios de origen cubano, organizada y respaldada por Estados Unidos, desembarcó por Bahía de Cochinos en la costa sur de la isla. El objetivo era establecer un gobierno provisional y entonces solicitar la intervención directa de EE.UU. La invasión mercenaria es derrotada en 72 horas; los últimos se rinden en Playa Girón, nombre que le dieron los cubanos a esta victoria. Guevara había sido enviado a dirigir las tropas en la provincia de Pinar del Río, por donde se esperaba una posible invasión.

22 de octubre de 1962 El presidente Kennedy inicia "la crisis de los misiles en Cuba", con la denuncia de la adquisición por parte de la Isla de cohetes portadores de ojivas nucleares adquiridos para su defensa. Washington impone un bloqueo naval contra Cuba, la cual responde con la movilización de su población para rechazar cualquier agresión. Se le ordena a Che Guevara que dirija las fuerzas en la provincia de Pinar del Río, previendo un ataque extranjero por la zona.

28 de octubre de 1962 El premier soviético, Nikita S. Jrushov acuerda retirar los cohetes soviéticos a cambio de la promesa de Estados Unidos de no invadir a Cuba.

Marzo de 1964 El Che se reúne con Tamara Bunke (Tania) y discute su misión de trasladarse a Bolivia, como parte de los preparativos de la futura expedición guerrillera.

9 de diciembre de 1964 Guevara parte hacia Estados Unidos, al frente de la delegación a la Asamblea General de las Naciones Unidas. Después visitará varios países africanos.

15 de marzo de 1965 Ernesto Guevara regresa a Cuba y poco después desaparece de la vista pública.

1ro. de abril de 1965 Che envía una carta de despedida a Fidel Castro. Posteriormente parte a una misión internacionalista en el Congo (actualmente Zaire); entra a través de Tanzania. Guevara utiliza el nombre de Tatu (Número 2 en lengua swahili).

18 de abril de 1965 Periodistas extranjeros interrogan a Fidel sobre el paradero de Che, el responde que "Guevara siempre estará donde le sea más útil a la Revolución".

16 de junio de 1965 Fidel anuncia que el paradero de Ernesto Guevara será dado a conocer "cuando el comandante Guevara quiera que se sepa".

3 de octubre de 1965 Fidel Castro hace pública la carta de despedida de Che en el acto de presentación del Comité Central del Partido Comunista de Cuba.

Diciembre de 1965 Fidel Castro realiza las coordinaciones para que Che regrese a Cuba en secreto. Guevara prepara la expedición a Bolivia.

3 al 14 de enero de 1966 Se celebra en La Habana la Conferencia de Solidaridad con los pueblos de Asia, África y América Latina (Tricontinental).

Marzo de 1966 Llegan a Bolivia los primeros combatientes cubanos y comienzan los preparativos para la formación de un destacamento guerrillero.

Julio de 1966 Guevara se reúne con los voluntarios cubanos para la misión en Bolivia en un campamento en la provincia de Pinar del Río, Cuba.

4 de noviembre de 1966 Guevara llega a Bolivia disfrazado y con un nombre falso (Ramón Benítez).

Noviembre-diciembre de 1966 Llegan más guerrilleros y se crean los campamentos.

31 de diciembre de 1966 Se reúne Guevara con el secretario del Partido Comunista Boliviano Mario Monje. Existe desacuerdo en cuanto a las perspectivas de la expedición guerrillera planeada.

1ro. de febrero al 20 de marzo de 1967 Los destacamentos guerrilleros parten de los campamentos para explorar la región.

23 de marzo de 1967 Tiene lugar la primera acción militar de los guerrilleros, quienes tienden una exitosa emboscada a una columna del ejército gubernamental.

10 de abril de 1967 La columna guerrillera realiza una exitosa emboscada a las tropas bolivianas.

16 de abril de 1967 Se publica su Mensaje a los pueblos del mundo a través de la Conferencia Tricontinental, donde hace su llamado de "crear dos, tres... muchos Viet Nam".

17 de abril de 1967 El destacamento se fragmenta en dos, el grupo de Joaquín queda con los enfermos con instrucciones de reunirse dentro de tres días, pero no se volverán a ver.

20 de abril de 1967 Régis Debray es arrestado después de haber compartido varias semanas con la guerrilla. Posteriormente es juzgado y condenado a 30 años de prisión.

Mayo de 1967 Las Fuerzas Especiales de Estados Unidos llegan a Bolivia para entrenar a las tropas de contrainsurgencia del ejército boliviano.

6 de julio de 1967 La guerrilla ocupa el poblado de Sumaipata.

26 de julio de 1967 Guevara pronuncia un discurso ante los guerrilleros sobre la importancia del asalto al Cuartel Moncada el 26 de julio de 1953.

31 de julio al 10 de agosto de 1967 Se celebra en La Habana la Conferencia de la Organización Latinoamericana de Solidaridad (OLAS). Esta reunión declara su apoyo a los movimientos guerrilleros de América Latina. Guevara es elegido Presidente de Honor.

4 de agosto de 1967 Un desertor lleva al ejército boliviano hasta el principal punto de suministro de los guerrilleros; los documentos confiscados provocan el arresto de varios contactos urbanos claves.

31 de agosto de 1967 El destacamento de Joaquín es emboscado y liquidado mientras cruzan un río, después de que un informante lleva al lugar a las tropas del gobierno.

26 de septiembre de 1967 Los guerrilleros van camino a una emboscada. Hay bajas y las tropas gubernamentales van rodeando a los guerrilleros.

8 de octubre de 1967 Los 17 guerrilleros restantes son rodeados por las tropas bolivianas, y se lleva a cabo un largo y desesperado combate. Guevara resulta herido de gravedad y es capturado.

9 de octubre de 1967 Ernesto Guevara y otros dos guerrilleros son asesinados según las instrucciones de los gobiernos de Bolivia y Estados Unidos.

15 de octubre de 1967 En una comparecencia por televisión, Fidel Castro confirma la noticia de la muerte de Ernesto Guevara y declara tres días de duelo oficial en Cuba. Se designa el 8 de octubre como el Día del Guerrillero Heroico.

18 de octubre de 1967 Fidel Castro pronuncia un discurso en recordación a Guevara en la Plaza de la Revolución, La Habana, ante casi un millón de personas.

15 de febrero de 1968 Tres sobrevivientes cubanos cruzan la frontera de Chile, después de atravesar la cordillera de los Andes a pie para eludir al ejército boliviano. Posteriormente regresan a Cuba.

Junio de 1968 Llegan a Cuba los microfilmes del Diario del Che en Bolivia.

1ro. de julio de 1968 Se distribuye gratuitamente al pueblo cubano la primera edición del *Diario del Che en Bolivia*. La introducción fue escrita por Fidel Castro.

Julio de 1997 Los restos del Che Guevara son devueltos a Cuba y sepultados en Santa Clara junto a los de otros guerrilleros encontrados en Bolivia.

MAPA DE CUBA 1959

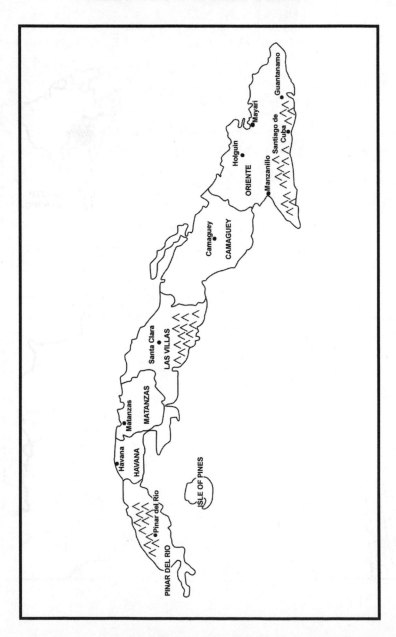

MAPA DE BOLIVIA 1966

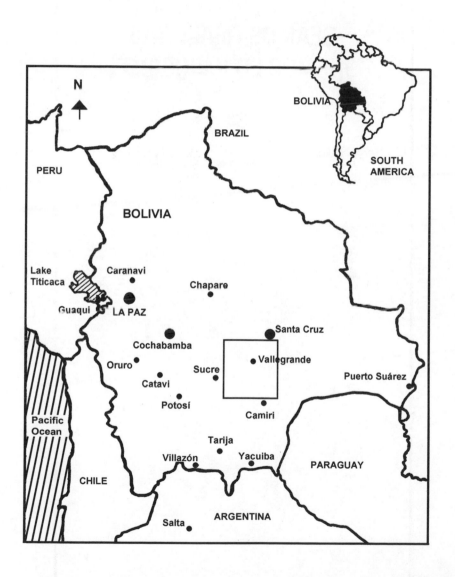

«SEAMOS REALISTAS, SOÑEMOS LO IMPOSIBLE.»

ERNESTO CHE GUEVARA

PRÓLOGO
POR ERNESTO CHE GUEVARA

Las estrellas veteaban de luz el cielo de aquel pueblo serrano y el silencio y el frío materializaban la oscuridad. Era — no sé bien como explicarlo, como si toda sustancia sólida se volatilizara en el espacio etéreo que nos rodeaba, que nos quitaba la individualidad y nos sumía, yertos, en la negrura inmensa. No había una nube que, bloqueando una porción del cielo estrellado, diera perspectiva al espacio. Apenas a unos metros, la mortecina luz de un farol desteñía las tinieblas circundantes.

La cara del hombre se perdía en las sombras, solo emergían unos como destellos de sus ojos y la blancura de los cuatro dientes delanteros, todavía no sé si fue el ambiente o la personalidad del individuo el que me preparó para recibir la revelación, pero sé que los argumentos empleados los había oído muchas veces esgrimidos por personas diferentes y nunca me habían impresionado. En realidad, era un tipo interesante nuestro interlocutor: desde joven huido de un país de Europa para escapar al cuchillo dogmatizante, conocía el sabor del miedo (una de las pocas experiencias que hacen valorar la vida), después, rodando de país en país y compilando miles de aventuras había dado con sus huesos en la apartada región y allí esperaba pacientemente el momento del gran acontecimiento.

Luego de las frases triviales y los lugares comunes con que cada uno planteó su posición, cuando ya languidecía la discusión y estábamos por separarnos, dejó caer, con la misma risa del chico pícaro que siempre lo acompañaba, acentuando la disparidad de sus cuatro incisivos delanteros: "El porvenir es del pueblo y poco a poco o de golpe va a conquistar el poder aquí y en toda la tierra. Lo malo es que él tiene que civilizarse y eso no se puede hacer antes sino después de tomarlo. Se civilizará sólo aprendiendo a costa de sus propios errores que serán muy graves, que costarán muchas vidas inocentes. O tal vez no, tal vez no sean inocentes porque cometerán el enorme pecado contra natura que significa carecer de capacidad de adaptación. Todos ellos, todos los inadaptados, usted y yo, por ejemplo, morirán maldiciendo el poder que contribuyeron a crear con sacrificio, a veces enorme. Es que la revolución con su forma impersonal, les tomará la vida y hasta utilizará la memoria que de ellos quede como ejemplo e instrumento domesticatorio de las juventudes que surjan. Mi pecado es mayor, porque yo, más sutil o con mayor experiencia, llámelo como quiera, moriré sabiendo que mi sacrificio obedece sólo a una obstinación que simboliza la civilización podrida que se derrumba y que lo mismo, sin que se modificara en nada el curso de la historia, o la personal impresión que de mí mismo tenga, podría seguir el camino contrario y prolongar unos años mi vida; usted morirá con el puño cerrado y la mandíbula tensa, en perfecta demostración de odio y combate, porque no es un símbolo (algo inanimado que se toma de ejemplo), usted es un auténtico integrante de la sociedad que se derrumba: el espíritu de la colmena habla por su boca y se mueve en sus actos; es tan útil como yo, pero desconoce la utilidad del aporte que hace a la sociedad que lo sacrifica."

Vi sus dientes y la mueca picaresca con que se adelantaba a la historia, sentí el apretón de sus manos y, como un murmullo lejano, el protocolar saludo de despedida. La noche, replegada al contacto de sus palabras, me tomaba nuevamente, confundiéndome en su ser; pero pese a sus palabras ahora sabía... sabía que en el momento en que el gran espíritu rector dé el tajo enorme que divida toda la humanidad en sólo dos fracciones antagónicas, estaré con el pueblo, y sé —porque lo veo impreso en la noche— que yo, el ecléctico disector de doctrinas y psicoanalista de dogmas, aullando como poseído, asaltaré las barricadas o trincheras, teñiré en sangre mi arma y, loco de furia, degollaré a cuanto vencido caiga entre mis manos. Y veo, como si un cansancio enorme derribara mi reciente exaltación, cómo caigo inmolado a la auténtica revolución estandarizadora de voluntades, pronunciando el "mea culpa" ejemplarizante. Ya siento mis narices dilatadas, saboreando el acre olor de pólvora y de sangre, de muerte enemiga; ya crispo mi cuerpo, listo a la pelea y preparo mi ser como un sagrado recinto para que en él resuene con vibraciones nuevas y nuevas esperanzas el aullido bestial del proletariado triunfante.

Tomado de: *Notas de viaje: Diario en motocicleta* por Ernesto Che Guevara.

«AMÉRICA SERÁ EL TEATRO DE MIS
AVENTURAS CON CARÁCTER MUCHO
MÁS IMPORTANTE QUE LO QUE
HUBIERA CREÍDO.»

ERNESTO CHE GUEVARA

PRIMERA PARTE

EL ARGENTINO

PELÍCULA "CHE" (PARTE 1)

SE BASA EN:

PASAJES DE LA GUERRA REVOLUCIONARIA

POR ERNESTO CHE GUEVARA

GUATEMALA

A MI MADRE, ABRIL 1954

Vieja,

[...] Me alegro que tengas tan elevada opinión de mí. De todas maneras es muy difícil que la antropología sea mi ocupación exclusiva de la madurez. Me pare* un poco paradójico de hacer como "norte" de mi vida investigar lo que está muerto sin remedio. De dos cosas estoy seguro: la primera es que si llego a la ctapa auténticamente creadora alrededor de los treinta y cinco años mi ocupación excluyente, o principal por lo menos, será la física nuclear, la genética o una materia así que reúna lo más interesante de las materias conocidas, la segunda es que América será el teatro de mis aventuras con carácter mucho más importante que lo que hubiera creído; realmente creo haber llegado a comprenderla y me siento americano con un carácter distintivo de cualquier otro pueblo de la tierra. Naturalmente que visitaré el resto del mundo [...]

Tomado de: *Che desde la memoria: Los dejo ahora conmigo mismo: el que fui* por Ernesto Che Guevara.

---

*Contracción de *me parece*.

A MI MADRE, JUNIO 1954

[...] Dos días de acontecimientos políticos aunque personalmente no hayan significado gran cosa para mí, los acontecimientos: Árbenz renunció frente a la presión de una misión militar norteamericana que amenazó con bombardeos masivos, una declaración de guerra de Honduras y Nicaragua lo que provocaría la entrada de Estados Unidos. Lo que quizás no previera Árbenz fue lo que siguió. En el primer día se agregaron a Díaz, los coroneles Sánchez y el Fejo Monsón reconocidamente anticomunistas y el primer decreto fue declarar ilegal al PGT. La persecución empezó inmediatamente y las embajadas se llenaron de asilados, pero al día siguiente temprano vino lo peor, cuando Díaz y Sánchez renunciaron, quedando Monsón al frente del Gobierno con dos tenientes coroneles de subordinados. Se entregaron totalmente a Castillo Armas según *vox populi* y se decretó la ley marcial a todo el que fuera encontrado con armas de calibre prohibido en la mano. La situación personal es más o menos así: yo seré expulsado del hospitalito donde estoy, probablemente mañana, ya que estoy renombrado como "Chebol", y la represión se viene.

Tomado de: *Che desde la memoria: Los dejo ahora conmigo mismo: el que fui* por Ernesto Che Guevara.

MÉXICO

A MI MADRE, FINALES DE 1954

Vieja, la mi vieja

[...] Con respecto a las diferencias de pensar que según vos se acentúan te aseguro que será por poco tiempo. A aquello que tanto le temés se llega por dos caminos: el positivo, de un convencimiento directo, o el negativo a través de un desengaño de todo. Yo llegué por el segundo camino, pero para convencerme inmediatamente de que hay que seguir por el primero. La forma en que los gringos tratan a América (acordate que gringos son yanquis) me iba provocando una indignación creciente, pero al mismo tiempo estudiaba la teoría del porqué de su acción y la encontraba científica. Después vino Guatemala y todo eso difícil de contar, de ver cómo todo el objeto del entusiasmo de uno se diluía por la voluntad de esos señores y cómo se fraguaba ya el nuevo cuento de la culpabilidad y criminalidad rojas, y cómo los mismos guatemaltecos traidores se prestaban a propagar todo eso para mendigar algo en el nuevo orden de cosas. En qué momento dejé el razonamiento para tener algo así como la fe, no te puedo decir, ni siquiera con aproximación, porque el camino fue bastante larguito y con muchos retrocesos [...].

Tomado de: *Che desde la memoria: Los dejo ahora conmigo mismo: el que fui* por Ernesto Che Guevara.

A MI MADRE, OCTUBRE 1956

Escrito antes de irse a Cuba en la expedición del *Granma*.

Querida mamá:

Tu pinchurriente hijo, hijo de mala madre por añadidura, no está
seminada; está como estaba Paul Muni cuando decía lo que decía
con una voz patética y se iba alejando en medio de sombras que
aumentaban y música *ad hoc*. Mi profesión actual es la de saltarín,
hoy aquí, mañana allí, etc., y a los parientes... no los fui a ver
por esa causa (además, te confesaré que me parece que tendría
más afinidad de gustos con una ballena que con un matrimonio
burgués, dignos empleados de beneméritas instituciones a las que
haría desaparecer de la faz de la tierra, si me fuera dado hacerlo.
No quiero que creas que es aversión directa, es más bien recelo;
ya Lezica demostró que hablamos idiomas diferentes y que no
tenemos puntos de contacto). Toda la explicación tan larga del
paréntesis te la di porque después de escrita me pareció que vos
te imaginarías que estoy en tren de morfaburgués, y por pereza
de empezar de nuevo y sacar el párrafo me metí en una explicación kilométrica y que se me antoja poco convincente. Punto
y aparte. Hilda irá dentro de un mes a visitar a su familia, en
Perú, aprovechando que ya no es delincuente política sino una
representante algo descarriada del muy digno y anticomunista
partido aprista. Yo, en tren de cambiar el ordenamiento de
mis estudios: antes me dedicaba mal que bien a la medicina y
el tiempo libre lo dedicaba al estudio en forma informal de San
Carlos. La nueva etapa de mi vida exige también el cambio de
ordenación; ahora San Carlos es primordial, es el eje, y será por
los años que el esferoide me admita en su capa más externa; la
medicina es un juego más o menos divertido e intrascendente,
salvo en un pequeño aparte al que pienso dedicarle más de un

medular estudio, de esos que hacen temblar bajo su peso los sótanos de la librería. Como recordarás, y si no lo recordás te lo recuerdo ahora, estaba empeñado en la redacción de un libro sobre la función del médico, etc., del que sólo acabé un par de capítulos que huelen a folletín tipo *Cuerpos y almas*, nada más que mal escrito y demostrando a cada paso una cabal ignorancia del fondo del tema; decidí estudiar. Además, tenía que llegar a una serie de conclusiones que se daban de patadas con mi trayectoria esencialmente aventurera; decidí cumplir primero las funciones principales, arremeter contra el orden de cosas, con la adarga al brazo, todo fantasía, y después, si los molinos no me rompieron el coco, escribir.

A Celia le debo la carta laudatoria que escribiré después de ésta si me alcanza el tiempo. Los demás están en deuda conmigo pues yo tengo la última palabra con todos, aun con Beatriz. A ella decíle que los diarios llegan magníficamente y me dan un panorama muy bueno de todas las bellezas que está haciendo el gobierno. Los recorté cuidadosamente para seguir el ejemplo de mi progenitor, ya que Hilda se encarga de seguir el ejemplo de la progenitora. A todos un beso con todos los aditamentos adecuados y una contestación, negativa a afirmativa, pero contundente, sobre el guatemalteco.

Ahora no queda nada más que la parte final del discurso, referente al hombrín y que podría titularse: «¿Y ahora qué?». Ahora viene lo bravo, vieja; lo que nunca he rehuído y siempre me ha gustado. El cielo no se ha puesto negro, las constelaciones no se han dislocado ni ha habido inundaciones o huracanes demasiado insolentes; los signos son buenos. Auguran victoria. Pero si se equivocaran, que al fin hasta los dioses se equivocan, creo que podré decir como un poeta que no conocés: «Sólo llevaré bajo tierra la pesadumbre de un canto inconcluso.» Para evitar patetismos «pre mortem», esta carta saldrá cuando las papas quemen de verdad y entonces sabrás que tu hijo, en un soleado país americano, se puteará a sí mismo por no haber estudiado algo de cirugía para ayudar a un herido y puteará al gobierno mexicano que no lo dejó perfeccionar su ya respetable puntería para voltear muñecos con más soltura. Y la lucha será de espaldas a la pared, como en los himnos, hasta vencer o morir.

Te besa de nuevo, con todo el cariño de una despedida que se resiste a ser total.

Tu hijo

Tomado de: *América Latina: Despertar de un continente* por Ernesto Che Guevara.

"AHORA SAN CARLOS [MARX] ES PRIMORDIAL, ES EL EJE, Y SERÁ POR LOS AÑOS QUE EL ESFEROIDE ME ADMITA EN SU CAPA MÁS EXTERNA.»

ERNESTO CHE GUEVARA

«LAS REVOLUCIONES, TRANSFORMACIONES SOCIALES RADICALES Y ACELERADAS, HECHAS DE LAS CIRCUNSTANCIAS; NO SIEMPRE, O CASI NUNCA, O QUIZÁS NUNCA, MADURADAS Y PREVISTAS CIENTÍFICAMENTE EN SUS DETALLES; HECHAS DE LAS PASIONES, DE LA IMPROVISACIÓN DE HOMBRES EN SU LUCHA POR LAS REIVINDICACIONES SOCIALES, NO SON NUNCA PERFECTAS. LA NUESTRA TAMPOCO LO FUE. COMETIÓ ERRORES Y ALGUNOS DE ESOS ERRORES SE PAGAN CAROS.»

ERNESTO CHE GUEVARA

CUBA

UNA REVOLUCIÓN QUE COMIENZA
DICIEMBRE 1956

La historia de la agresión militar que se consumó el 10 de marzo de 1952 —golpe incruento dirigido por Fulgencio Batista— no empieza, naturalmente, el mismo día del cuartelazo. Sus antecedentes habría que buscarlos muy atrás en la historia de Cuba: mucho más atrás que la intervención del embajador norteamericano Summer Welles, en el año 1933; más atrás aún que la Enmienda Platt, del año 1901; más atrás que el desembarco del héroe Narciso López, enviado directo de los anexionista norteamericanos, hasta llegar a la raíz del tema en los tiempos de John Quincy Adams, quien a principios del siglo dieciocho enunció la constante de la política de su país respecto a Cuba: una manzana que, desgajada de España, debía caer fatalmente en manos del Uncle Sam. Son eslabones de una larga cadena de agresiones continentales que no se ejercen solamente sobre Cuba.

Esta marea, este fluir y refluir del oleaje imperial, se marca por las caídas de gobiernos democráticos o por el surgimiento de nuevos gobiernos ante el empuje incontenible de las multitudes.

La historia tiene características parecidas en toda América Latina: los gobiernos dictatoriales representan una pequeña minoría y suben por un golpe de estado; los gobiernos democráticos de amplia base popular ascienden laboriosamente y, muchas veces, antes de asumir el poder, ya están estigmatizados por la serie de concesiones previas que han debido hacer para mantenerse. Y, aunque la Revolución cubana marca, en ese sentido, una excepción en toda América, era preciso señalar los antecedentes de todo este proceso, pues el que esto escribe, llevado y traído por las olas de los movimientos sociales que convulsionan a América, tuvo oportunidad de conocer, debido a estas causas, a otro exilado americano: a Fidel Castro.

Lo conocí en una de esas frías noches de México, y recuerdo que nuestra primera discusión versó sobre política internacional. A las pocas horas de la misma noche —en la madrugada— era yo uno de los futuros expedicionarios. Pero me interesa aclarar cómo y por qué conocí en México al actual Jefe del Gobierno en Cuba. Fue en el reflujo de los gobiernos democráticos en 1954, cuando la última democracia revolucionaria americana que se mantenía en pie en esta área —la de Jacobo Árbenz Guzmán— sucumbía ante la agresión meditada, fría, llevada a cabo por los Estados Unidos de Norteamérica tras la cortina de humo de su propaganda continental. Su cabeza visible era el Secretario de Estado, Foster Dulles, que por rara coincidencia también era abogado y accionista de United Fruit Company, la principal empresa imperialista existente en Guatemala.

De allí regresaba uno en derrota, unido por el dolor a todos los guatemaltecos, esperando, buscando la forma de rehacer un porvenir para aquella patria angustiada. Y Fidel venía a México a buscar un terreno neutral donde preparar a sus hombres para el gran impulso. Ya se había producido una escisión interna, luego del asalto al cuartel Moncada, en Santiago de Cuba, separándose todos los de ánimo flojo, todos los que por uno u otro motivo se incorporaron a partidos políticos o grupos revolucionarios, que exigían menos sacrificio. Ya las nuevas promociones ingresaban en las flamantes filas del llamado «Movimiento 26 de Julio», fecha que marcaba el ataque al cuartel Moncada, en 1953. Empezaba una tarea durísima para los encargados de adiestrar a esa gente, en medio de la clandestinidad imprescindible en México, luchando contra el gobierno mexicano, contra los agentes del FBI norteamericano y los de Batista, contra estas tres combinaciones que se conjugaban de una u otra manera, y donde mucho intervenía el dinero y la venta personal. Además, había que luchar contra los espías de Trujillo, contra la mala selección hecha del material humano — sobre todo en Miami — y, después de vencer todas estas dificultades, debíamos lograr algo importantísimo: salir... y, luego... llegar, y lo demás que, en ese momento, nos parecía difícil. Hoy aquilatamos lo que aquello costó en esfuerzos, en sacrificios y vidas.

Fidel Castro, auxiliado por un pequeño equipo de íntimos, se dio con toda su vocación y su extraordinario espíritu de trabajo a la tarea de organizar las huestes armadas que saldrían hacia Cuba. Casi nunca dio clases de táctica militar, porque el tiempo le resultaba corto para ello. Los demás pudimos aprender bastante con el general Alberto Bayo. Mi impresión casi instantánea, al escuchar las primeras clases, fue la posibilidad de triunfo que veía muy dudosa al enrolarme con el comandante rebelde, al cual me ligaba, desde el principio, un lazo de romántica simpatía aventurera y la consideración de que valía la pena morir en una playa extranjera por un ideal tan puro.

Así fueron pasando varios meses. Nuestra puntería empezó a perfilarse y salieron los maestros tiradores. Hallamos un rancho en México, donde bajo la dirección del general Bayo —estando yo como jefe de personal— se hizo el último apronte, para salir en marzo de 1956. Sin embargo, en esos días dos cuerpos policíacos mexicanos, ambos pagados por Batista, estaban a la caza de Fidel Castro, y uno de ellos tuvo la buenaventura económica de detenerle, cometiendo el absurdo error —también económico— de no matarlo, después de hacerlo prisionero. Muchos de sus seguidores cayeron en pocos días más; también cayó en poder de la policía nuestro rancho, situado en las afueras de la ciudad de México y fuimos todos a la cárcel.

Aquello demoró el inicio de la última parte de la primera etapa. Hubo quienes estuvieron en prisión cincuenta y siete días, contados uno a uno, con la amenaza perenne de la extradición sobre nuestras cabezas (somos testigos el comandante Calixto García y yo). Pero, en ningún momento perdimos nuestra confianza personal en Fidel Castro. Y es que Fidel tuvo algunos gestos que, casi podríamos decir, comprometían su actitud revolucionaria en pro de la amistad. Recuerdo que le expuse específicamente mi caso: un extranjero, ilegal en México, con toda una serie de cargos encima. Le dije que no debía de manera alguna pararse por mi la revolución, y que podía dejarme; que yo comprendía la situación y que trataría de ir a pelear desde donde me lo mandaran y que el único esfuerzo debía hacerse para que me enviaran a un país cercano y no a la Argentina. También recuerdo la respuesta tajante de Fidel: «Yo no te abandono. «Y así fue, porque hubo que distraer tiempo y dinero preciosos para sacarnos de la cárcel mexicana. Esas actitudes personales de Fidel con la gente que aprecia son la clave del fanatismo que crea a su alrededor, donde se suma a una adhesión de principios, una personal, que hace de este Ejército Rebelde un bloque indivisible.

Pasaron los días, trabajando en la clandestinidad, escondiéndonos donde podíamos, rehuyendo en lo posible toda presencia pública, casi sin salir a la calle. Pasados unos meses, nos enteramos de que había un traidor en nuestras filas, cuyo nombre no conocíamos, y que había vendido un cargamento de armas. Sabíamos también que había vendido el yate y un transmisor, aunque todavía no estaba hecho el «contrato legal» de la venta. Esta primera entrega sirvió para demostrar a las autoridades cubanas que, efectivamente, el traidor conocía nuestras interioridades. Fue también lo que nos salvó, al demostrarnos lo mismo.

Una actividad febril hubo de ser desarrollada a partir de ese momento: el *Granma* fue acondicionado a una velocidad extraordinaria; se amontonaron cuantas vituallas conseguimos, bien pocas por cierto, y uniformes, rifles, equipos, dos fusiles antitanques casi sin balas. En fin, el 25 de noviembre de 1956, a las dos de la madrugada, empezaban a hacerse realidad las frases de Fidel, que habían servido de mofa a la prensa oficialista: «En el año 1956 seremos libres o seremos mártires.»

Salimos, con las luces apagadas, del puerto de Tuxpan en medio de un hacinamiento infernal de materiales de toda clase y de hombres. Teníamos muy mal tiempo y, aunque la navegación estaba prohibida, el estuario del río se mantenía tranquilo. Cruzamos la boca del puerto yucateco, y a poco más, se encendieron las luces. Empezamos la búsqueda frenética de los antihistamínicos contra el mareo, que no aparecían; se cantaron los himnos nacional cubano y del 26 de Julio, quizá durante cinco minutos en total, y después el barco entero presentaba un aspecto ridículamente trágico: hombres con la angustia reflejada en el rostro, agarrándose el estómago. Unos con la cabeza metida dentro de un cubo y otros tumbados en las más extrañas posiciones, inmóviles y con las ropas sucias por el vómito. Salvo dos o tres marinos y cuatro o cinco personas más, el resto de los ochenta y tres tripulantes se marearon. Pero al cuarto o quinto día el panorama general se alivió un poco. Descubrimos que la vía de agua que tenía el barco no era tal, sino una llave de los servicios sanitarios abierta. Ya habíamos botado todo lo innecesario, para aligerar el lastre.

La ruta elegida comprendía una vuelta grande por el sur de Cuba, bordeando Jamaica, las islas del Gran Caimán, hasta el desembarco en algún lugar cercano al pueblo de Niquero, en la provincia de Oriente. Los planes se cumplían con bastante lentitud: el día 30 oímos por radio la noticia de los motines de Santiago de Cuba que había provocado nuestro gran Frank País, considerando sincronizarlos con el arribo de la expedición. Al día siguiente, primero de diciembre, en la noche, poníamos la proa en línea recta hacia Cuba, buscando desesperadamente el faro de Cabo Cruz, carentes de agua, petróleo y comida. A las dos de la madrugada, con una noche negra, de temporal, la situación era inquietante. Iban y venían los vigías buscando la estela de luz que no aparecía en el horizonte. Roque, ex teniente de la marina de guerra, subió una vez más al pequeño puente superior, para atisbar la luz del Cabo, y perdió pie, cayendo al agua. Al rato de reiniciada la marcha, ya veíamos la luz, pero, el asmático caminar de nuestra lancha hizo interminables las últimas horas del viaje. Ya de día arribamos a Cuba por el lugar conocido por Belic, en la playa de Las Coloradas.

Un barco de cabotaje nos vio, comunicando telegráficamente el hallazgo al ejército de Batista. Apenas bajamos, con toda premura y llevando lo imprescindible, nos introducimos en la ciénaga, cuando fuimos atacados por la aviación enemiga.

Naturalmente, caminando por los pantanos cubiertos de manglares no éramos vistos ni hostilizados por la aviación, pero ya el ejército de la dictadura andaba sobre nuestros pasos. Tardamos varias horas en salir de la ciénaga, a donde la impericia e irresponsabilidad de un compañero que se dijo conocedor nos arrojara. Quedamos en tierra firme, a la deriva, dando traspiés, constituyendo un ejército de sombras, de fantasmas, que caminaban como siguiendo el impulso de algún oscuro mecanismo psíquico. Habían sido siete días de hambre y de mareo continuos durante la travesía, sumados a tres días más, terribles, en tierra. A los diez días exactos de la salida de México, el 5 de diciembre de madrugada, después de una marcha nocturna interrumpida por los desmayos y las fatigas y los descansos de la tropa, alcanzamos un punto conocido paradójicamente por el nombre de Alegría de Pío. Era un pequeño cayo de monte, ladeando un cañaveral por un costado y por otros abierto a unas abras, iniciándose más lejos el bosque cerrado. El lugar era mal elegido para campamento pero hicimos un alto para pasar el día y reiniciar la marcha en la noche inmediata.

Tomado de: *Pasajes de la guerra revolucionaria* por Ernesto Che Guevara

ALEGRÍA DE PÍO
DICIEMBRE 1956

Alegría de Pío es un lugar de la provincia de Oriente, municipio de Niquero, sito cerca de Cabo Cruz, donde fuimos sorprendidos el día 5 de diciembre de 1956 por las tropas de la dictadura.

Veníamos extenuados después de una caminata no tan larga como penosa. Habíamos desembarcado el 2 de diciembre en el lugar conocido por playa de Las Coloradas, perdiendo casi todo nuestro equipo y caminando durante interminables horas por ciénagas de agua de mar, con botas nuevas. Esto había provocado ulceraciones en los pies de casi toda la tropa. Pero no era nuestro único enemigo el calzado o las afecciones fúngicas. Habíamos llegado a Cuba después de siete días de navegación a través del Golfo de México y el Mar Caribe, sin alimentos, con el barco en malas condiciones, casi todo el mundo mareado por falta de costumbre al vaivén del mar, después de salir el 25 de noviembre del puerto de Tuxpan, un día de norte, en que la navegación estaba prohibida. Todo esto había dejado sus huellas en la tropa integrada por bisoños que nunca habían entrado en combate.

Ya no quedaba de nuestros equipos de guerra nada más que

el fusil, la canana y algunas balas mojadas. Nuestro arsenal médico había desaparecido, nuestras mochilas en su gran mayoría habían quedado en los pantanos. Caminamos de noche, el día anterior, por las guardarrayas de las cañas del Central Niquero, que pertenecía a Julio Lobo en aquella época. Debido a nuestra inexperiencia, saciábamos nuestra hambre y sed comiendo cañas a la orilla del camino y dejando allí el bagazo; pero además de eso, no necesitaron los guardias el auxilio de pesquisas indirectas, pues nuestro guía, según nos enteramos años después, fue el autor principal de la traición, llevándolos hasta nosotros. Al guía se le había dejado en libertad al llegar al punto de descanso, cometiendo un error que repetiríamos algunas veces durante la lucha, hasta aprender que los elementos de la población civil cuyos antecedentes se desconocen deben ser vigilados siempre que se esté en zonas de peligro. No debimos permitirle irse a nuestro falso guía en aquellas circunstancias.

En la madrugada del día 5 eran pocos los que podían dar un paso más; la gente desmayada, caminaba pequeñas distancias para pedir descansos prolongados. Debido a ello, se ordenó un alto a la orilla de un cañaveral, en un bosquecito ralo, relativamente cercano al monte firme. La mayoría de nosotros durmió aquella mañana.

Señales desacostumbradas empezaron a ocurrir a mediodía, cuando los aviones Biber y otros tipos de avionetas del ejército y de particulares empezaron a rondar por las cercanías. Algunos de nuestro grupo, tranquilamente, cortaban cañas mientras pasaban los aviones sin pensar en lo visibles que eran dada la baja altura y poca velocidad a que volaban los aparatos enemigos. Mi tarea en aquella época, como médico de la tropa, era curar las llagas de los pies heridos. Creo recordar mi última cura en aquel día. Se llamaba Humberto Lamotte el compañero y ésa era, también su última jornada. Está en mi memoria la figura cansada y angustiada llevando en la mano los zapatos que no podía ponerse mientras se dirigía del botiquín de campaña hasta su puesto.

Montané y yo estábamos recostados contra un tronco, hablando de nuestros respectivos hijos; comíamos la magra ración —medio chorizo y dos galletas— cuando sonó un disparo; una diferencia de segundos solamente y un huracán de balas —o al menos eso pareció a nuestro angustiado espíritu durante aquella prueba de fuego— se cernía sobre el grupo de 82 hombres. Mi fusil no era de los mejores, deliberadamente lo había pedido así porque mis condiciones físicas eran deplorables después de un largo ataque de asma soportado durante toda la travesía marítima y no quería que se fuera a perder un arma buena en mis manos. No sé en qué momento ni cómo sucedieron las cosas; los recuerdos ya son borrosos. Me acuerdo de que, en medio del tiroteo, Almeida —en ese entonces capitán— vino a mi lado para preguntar las órdenes que había pero ya no había nadie allí para darlas. Según me enteré después, Fidel trató en vano de agrupar a la gente en el cañaveral cercano, al que había que llegar cruzando la guardarraya solamente. La sorpresa había sido demasiado grande, las balas demasiado nutridas. Almeida volvió a hacerse cargo de su grupo, en ese momento un compañero dejó una caja de balas casi a mis pies, se lo indiqué y el hombre me contestó con cara que recuerdo perfectamente, por la angustia que reflejaba, algo así como «no es hora para cajas de balas», e inmediatamente siguió el camino del cañaveral (después murió asesinado por uno de los esbirros de Batista). Quizá ésa fue la primera vez que tuvé planteado prácticamente ante mí el dilema de mi dedicación a la medicina o a mi deber de soldado revolucionario. Tenía delante una mochila de medicamentos y una caja de balas, las dos eran mucho peso para transportarlas juntas; tomé la caja de balas, dejando la mochila para cruzar el claro que me separaba de las cañas. Recuerdo perfectamente a Faustino Pérez, de rodillas en la guardarraya, disparando su pistola ametralladora. Cerca de mí un compañero llamado Arbentosa, caminaba hacia el cañaveral. Una ráfaga que no se distinguió de las demás, nos alcanzó a los dos. Sentí un fuerte golpe en el pecho y una herida en el cuello; me di a mí mismo por muerto. Arbentosa, vomitando sangre por la nariz, la boca y la enorme herida de una bala cuarenta y cinco, gritó algo así como «me mataron» y empezó a disparar alocadamente pues no se veía a nadie en aquel momento. Le dije a Faustino, desde el suelo, «me jodieron», Faustino me echó una mirada en medio de su tarea y me dijo que no era nada, pero en sus ojos se leía la condena que significaba mi herida.

Quedé tendido, disparé un tiro hacia el monte siguiendo el mismo oscuro impulso del **otro** herido. Inmediatamente, me puse a pensar en la mejor manera de morir en ese minuto en que parecía todo perdido. Recordé un viejo cuento de Jack London, donde el protagonista, apoyado en un tronco de árbol, se dispone a acabar con dignidad su vida, al saberse condenado a muerte por congelación, en las zonas heladas de Alaska. Es la única imagen nítida. Alguien, de rodillas, gritaba que había que rendirse y se oyó atrás una voz, que después supe pertenecía a Camilo Cienfuegos, gritando: «Aquí no se rinde nadie…» y una palabrota después. Ponce se acercó agitado, con la respiración anhelante, mostrando un balazo que aparentemente le atravesaba el pulmón. Me dijo que estaba herido y le manifesté, con toda indiferencia, que yo también. Siguió arrastrándose hacia el cañaveral, así como otros compañeros ilesos. Por un momento quedé solo, tendido allí esperando la muerte. Almeida llegó hasta mí y me dio ánimos para seguir; a pesar de los dolores, lo hice y entramos en el cañaveral. Allí vi al gran compañero Raúl Suárez, con su dedo pulgar destrozado por una bala y Faustino Pérez vendándoselo junto a un tronco; después todo se confundía en medio de las avionetas que pasaban bajo, **haciendo** algunos disparos de ametralladora, sembrando más confusión en medio de escenas a veces dantescas y a veces grotescas, como la de un corpulento combatiente que quería esconderse tras de una cañas, y otro que pedía silencio en medio de la batahola tremenda de los tiros, sin saberse bien para qué.

Se formó un grupo que dirigía Almeida y en el que estábamos además Ramiro Valdés, en aquella época teniente, y los compañeros Chao y Benítez; con Almeida a la cabeza, cruzamos la última guardarraya del cañaveral para alcanzar un monte salvador. En ese momento se oían los primeros gritos: «fuego», en el cañaveral se levantaban columnas de humo y fuego; aunque esto no lo puedo asegurar, porque pensaba más en la amargura de la derrota y en la inminencia de mi muerte, que en los acontecimientos de la lucha. Caminamos hasta que la noche nos impidió avanzar y resolvimos dormir todos juntos, amontonados, atacados por los mosquitos, atenazados por la sed y el hambre. Así fue nuestro bautismo de fuego, el día 5 de diciembre de 1956, en las cercanías de Niquero. Así se inició la forja de lo que sería el Ejército Rebelde.

Tomado de: *Pasajes de la guerra revolucionaria* por Ernesto Che Guevara

UNA ENTREVISTA FAMOSA
ABRIL 1957

A mediados de abril de 1957, volvíamos con nuestro ejército en entrenamiento a las regiones de Palma Mocha, en la vecindad del Turquino. Por aquella época nuestros hombres más valiosos para la lucha en la montaña eran los de extracción campesina.

Guillermo García y Ciro Frías, con patrullas de campesinos, iban y venían de uno a otro lugar de la Sierra, trayendo noticias, haciendo exploraciones, consiguiendo alimentos; en fin, constituían las verdaderas vanguardias móviles de nuestra columna. Por aquellos días, estábamos nuevamente en la zona del Arroyo del Infierno, testigo de uno de nuestros combates y los campesinos que venían a saludarnos nos enteraban de toda la tragedia ocurrida anteriormente; de quién había sido el hombre que había llevado directamente los guardias a presencia nuestra, de los muertos que había; en fin, los campesinos duchos en el arte de traspasar la noticia oral, nos informaban ampliamente de toda la vida de la zona.

Fidel, que en esos momentos estaba sin radio, pidió uno a un campesino de la zona que se lo cedió, y así podíamos escuchar, en un aparato grande, transportado en la mochila de un combatiente, las noticias directas de La Habana. Se volvía a hablar por radio con cierta claridad y alguna veracidad dado el restablecimiento de las llamadas garantías.

Guillermo García con un atuendo tremendo de cabo del ejército batistiano y dos compañeros disfrazados de soldados, fueron a buscar al chivato que guiara al ejército enemigo en el pasado encuentro; iban «de orden del Coronel» y con él volvieron al día siguiente. El hombre había venido engañado, pero cuando vio el ejército andrajoso ya supo lo que le esperaba. Con gran cinismo nos contó todo lo relativo a sus relaciones con el ejército y cómo le había dicho al «cabrón de Casillas», según sus palabras, que él podía agarrarnos perfectamente y que llevaba al ejército donde estábamos, pues ya nos había espiado; sin embargo, no le hicieron caso.

Un día de aquellos, en una de aquellas lomas, murió el chivato y en un firme de la Maestra quedó enterrado. En esos días, llegó un mensaje de Celia donde hacía el anuncio de que vendría con dos periodistas norteamericanos para hacer una entrevista a Fidel, con el pretexto de los gringuitos. Además, enviaba algún dinero recogido entre los simpatizantes del Movimiento.

Se resolvió que Lalo Sardiñas trajera a los norteamericanos por la zona de Estrada Palma, que conocía bien como antiguo comerciante de la zona. En esos momentos nosotros dedicábamos nuestro tiempo a la tarea de hacer contacto con campesinos que sirvieran de enlace y que pudieran mantener campamentos permanentes, donde se pudieran crear centros de contacto con la zona que ya se estaba agrandando; así íbamos localizando las casas que servían de abastecimiento a nuestras tropas, y allí instalábamos los almacenes de donde se trasladaban los abastecimientos según nuestros requerimientos. Estos lugares servían también de postas para las rápidas diligencias humanas que se trasladaban por el filo de la Maestra de un lugar a otro de la Sierra.

Los caminadores de la Sierra demuestran una capacidad extraordinaria para cubrir distancias larguísimas en poco tiempo y de ahí que, constantemente, nos viéramos engañados por sus afirmaciones; allí a media hora de camino, «al cantío de un gallo», como se ha caricaturizado en general este tipo de información que casi siempre para los guajiros resulta exacta, aunque sus nociones sobre el reloj y lo que es una hora no tiene mayor parecido con la del hombre de la ciudad.

Tres días después de la orden dada a Lalo Sardiñas, llegaron noticias de que venían subiendo seis personas por la zona de Santo Domingo; estas personas eran dos mujeres, dos gringos, los periodistas, y dos acompañantes que no se sabía quiénes eran; sin embargo, los datos que llegaban eran contradictorios, se decía que los guardias habían tenido noticias de su presencia por un chivato y que habían rodeado la casa donde estaban. Las noticias van y vienen con una extraordinaria rapidez en la Sierra, pero se deforman también. Camilo salió con un pelotón con orden de liberar de todas maneras a los norteamericanos y a Celia Sánchez, que sabíamos venía en el grupo. Llegaron, sin embargo, sanos y salvos; la falsa alarma se debió a un movimiento de guardias provocado por una denuncia que en aquella época era fácil que se produjera por parte de los campesinos atrasados.

El día 23 de abril, el periodista Bob Taber, y un camarógrafo llegaban a nuestra presencia; junto a ellos venían las compañeras Celia Sánchez y Haydee Santamaría y los enviados del Movimiento en el llano, Marcos o Nicaragua, el comandante Iglesias, en aquella época encargado de acción en Santiago y Marcelo Fernández, que fue coordinador del Movimiento y actualmente Presidente del Banco Nacional, como intérprete por sus conocimientos del inglés.

Aquellos días se pasaron protocolarmente tratando de demostrar a los norteamericanos nuestra fuerza y tratando de eludir cualquier pregunta demasiado indiscreta; no sabíamos quiénes eran los periodistas; sin embargo, se realizaron las entrevistas con los tres norteamericanos que respondieron muy bien a todas las preguntas según el nuevo espíritu que habían desarrollado en esa vida primitiva a nuestro lado, aún cuando no pudieran aclimatarse a ella y no tenían nada de común con nosotros.

En aquellos días se incorporó también uno de los más simpáticos y queridos personajes de nuestra guerra revolucionaria, El Vaquerito. El Vaquerito, junto con otro compañero, nos encontró un día y manifestó estar más de un mes buscándonos, dijo ser camagüeyano, de Morón, y nosotros, como siempre se hacía en estos casos, procedimos a su interrogatorio y a darle un rudimento de orientación política, tarea que frecuentemente me tocaba. El Vaquerito no tenía ninguna idea política ni parecía ser otra cosa que un muchacho alegre y sano, que veía todo esto como una maravillosa aventura. Venía descalzo y Celia Sánchez le prestó unos zapatos que le sobraban, de manufactura o de tipo mexicano, grabados. Estos eran los únicos zapatos que le servían a El Vaquerito dada su pequeña estatura. Con los nuevos zapatos y un gran sombrero de guajiro, parecía un vaquero mexicano y de allí nació el nombre de El Vaquerito.

Como es sabido, El Vaquerito no pudo ver el final de la lucha revolucionaria, pues siendo jefe del pelotón suicida de la columna 8, murió un día antes de la toma de Santa Clara. De su vida entre nosotros recordamos todos su extraordinaria alegría, su jovialidad ininterrumpida y la forma extraña y novelesca que tenía de afrontar el peligro. El Vaquerito era extraordinariamente mentiroso, quizás nunca había sostenido una conversación donde no adornara tanto la verdad que era prácticamente irreconocible, pero en sus actividades, ya fuera como mensajero en los primeros tiempos, como soldado después, o jefe del pelotón suicida, El Vaquerito demostraba que la realidad y la fantasía para él no tenían fronteras determinadas y los mismos hechos que su mente ágil inventaba, los realizaba en el campo de combate; su arrojo extremo se había convertido en tema de leyenda cuando llegó el final de toda aquella epopeya que él no pudo ver.

Una vez se me ocurrió interrogar a El Vaquerito después de una de las sesiones nocturnas de lectura que teníamos en la columna, tiempo después de incorporado a ella; empezó a contar su vida y como quien no quiere la cosa nosotros a hacer cuentas con un lápiz. Cuando acabó, después de muchas anécdotas chispeantes le preguntamos cuántos años tenía. El Vaquerito en aquella época tenía poco más de 20 años, pero del cálculo de todas sus hazañas y trabajos se desprendía que había comenzado a trabajar cinco años antes de nacer.

El compañero Nicaragua traía noticias de más armas existentes en Santiago, remanentes del asalto a Palacio. Diez ametralladoras, 11 fusiles Johnson y 6 mosquetones, según declaraba. Había algunas más pero se pensaba establecer otro frente en la zona del Central Miranda. Fidel se oponía a esta idea y sólo les permitió algunas armas para este segundo frente, dando órdenes de que todas las posibles subieran a reforzar el nuestro. Seguimos la marcha, para alejarnos de la incómoda compañía de unos guardias que merodeaban cerca, pero antes decidimos subir al Turquino, era una operación casi mística ésta de subir nuestro pico máximo y por otra parte estábamos ya por toda la cresta de la Maestra muy cerca de su cumbre.

El Pico Turquino fue subido por toda la columna y allí arriba finalizó la entrevista que Bob Taber hiciera al Movimiento, preparando una película que fue televisada en los Estados Unidos cuando no éramos tan temidos. (Un hecho ilustrativo: un guajiro que se nos unió, manifestó que Casillas le había ofrecido $300 y una vaca parida si mataba a Fidel.) No eran los norteamericanos solos los equivocados sobre el precio de nuestro máximo dirigente.

Según un altímetro de campaña que llevábamos con nosotros, el Turquino se eleva 1,850 metros sobre el nivel del mar; lo apunto como dato curioso, pues nunca comprobamos este aparato; pero, sin embargo, al nivel del mar trabajaba bien y esta cifra de la altura del Turquino difiere bastante de las dadas por los textos oficiales.

Como una compañía del ejército continuaba tras nuestras huellas, Guillermo fue enviado con un grupo de compañeros a tirotearla; dado mi estado asmático que me obligaba a caminar a la cola de la columna y no permitía esfuerzos extra se me quitó la ametralladora que portaba, la Thompson, ya que yo no podía ir al tiroteo. Como tres días tardaron en devolvérmela y fueron de los más amargos que pasé en la Sierra, encontrándome desarmado cuando todos los días podíamos tener encuentros con los guardias.

Por aquellos días, mayo de 1957, dos de los norteamericanos abandonaron la columna con el periodista Bob Taber, que había acabado su reportaje, y llegaron sanos y salvos a Guantánamo. Nosotros seguimos nuestro lento camino por la cresta de la Maestra o sus laderas; haciendo contactos, explorando nuevas regiones y difundiendo la llama revolucionaria y la leyenda de nuestra tropa de barbudos por otras regiones de la Sierra. El nuevo espíritu se comunicaba a la Maestra. Los campesinos venían sin tanto temor a saludarnos y nosotros no temíamos la presencia campesina, puesto que nuestra fuerza relativa había aumentado considerablemente y nos sentíamos más seguros contra cualquier sorpresa del ejército batistiano y más amigos de nuestros guajiros.

Tomado de: *Pasajes de la guerra revolucionaria* por Ernesto Che Guevara

JORNADAS DE MARCHA
MAYO 1957

Los primeros 15 días del mes de mayo fueron de marcha continua hacia nuestro objetivo. Al iniciarse el mes, estábamos en una loma perteneciente a la cresta de la Maestra, cercana al pico Turquino; fuimos cruzando zonas que después resultaron teatro de muchos sucesos de la Revolución. Pasamos por Santa Ana, por El Hombrito; después Pico Verde, encontramos la casa de Escudero en la Maestra, y seguimos hasta la loma del Burro. El viaje en esta dirección que sigue el rumbo Este, se producía para buscar unas armas que se dijo iban a llegar de Santiago y a depositarse en la zona de la loma del Burro relativamente cerca del Oro de Guisa. Durante este recorrido, que duró un par de semanas, una noche, al ir a cumplir un cometido intrascendente, equivoqué los caminos y estuve perdido dos días hasta volver a encontrar a la gente en un paraje denominado El Hombrito. En aquel momento pude darme cuenta de que llevábamos en las espaldas todo lo necesario para bastarnos a nosotros mismos. La sal y el aceite, tan importantes; algunas comidas enlatadas, entre las que había leche; todo lo necesario para dormir, hacer fuego y la comida y un aditamento en que confiaba mucho hasta ese momento, la brújula.

Al encontrarme perdido, la mañana siguiente de la noche en que ocurriera, tomé la brújula y guiándome por ella seguí un día y medio hasta darme cuenta de que cada vez estaba más perdido, me acerqué a una casa campesina y allí me encaminaron hasta el campamento rebelde. Después nosotros nos percataríamos de que en lugares tan escabrosos como la Sierra Maestra, la brújula solamente puede servir de orientación general, nunca para marcar rumbos definidos; el rumbo hay que trazarlo con guías o conociendo por sí mismo el terreno, como lo conocimos después al tocarme a mí, precisamente, operar en la zona de El Hombrito.

Fue muy emocionante el reencuentro con la columna en aquella zona por el caluroso recibimiento que se me hizo. Cuando llegué se acababa de realizar un juicio popular en que tres chivatos fueron juzgados y uno de ellos, Nápoles de apellido, condenado a muerte. Camilo fue el presidente del tribunal.

En aquella época tenía que cumplir mis deberes de médico y en cada pequeño poblado o lugar donde llegábamos realizaba mi consulta. Era monótona pues no tenía muchos medicamentos que ofrecer y no presentaban una gran diferencia los casos clínicos de la Sierra; mujeres prematuramente avejentadas, sin dientes, niños de vientres enormes, parasitismo, raquitismo, avitaminosis en general, eran los signos de la Sierra Maestra. Todavía hoy se mantienen, pero en mucho menores proporciones. Los hijos de estas madres de la Sierra han ido a estudiar a la ciudad escolar «Camilo Cienfuegos»; ya están crecidos, saludables, son otros muchachos diferentes a los primeros escuálidos pobladores de nuestra pionera Ciudad Escolar.

Recuerdo que una niña estaba presenciando las consultas que daba a las mujeres de la zona, las que iban con mentalidad casi religiosa a conocer el motivo de sus padecimientos; la niñita, cuando llegó su mamá, después de varios turnos anteriores a los que había asistido con toda atención en la única pieza del bohío que me servía de consultorio, le chismoseó: «Mamá, este doctor a todas les dice lo mismo.»

Y era una gran verdad; mis conocimientos no daban para mucho más, pero, además, todas tenían el mismo cuadro clínico y contaban la misma historia desgarradora sin saberlo. ¿Qué hubiera pasado si el médico en ese momento hubiera interpretado que el cansancio extraño que sufría la joven madre de varios hijos, cuando subía una lata de agua del arroyo hasta la casa, se debía simplemente a que era mucho trabajo para tan poca y tan baja calidad de comida? Ese agotamiento es algo inexplicable porque toda su vida la mujer ha llevado las mismas latas de agua hasta el mismo destino y sólo ahora se siente cansada. Es que las gentes de la Sierra brotan silvestres y sin cuidado y se desgastan rápidamente, en un trajín sin recompensa. Allí, en aquellos trabajos empezaba a hacerse carne en nosotros la conciencia de la necesidad de un cambio definitivo en la vida del pueblo. La idea de la reforma agraria se hizo nítida y la comunión con el pueblo dejó de ser teoría para convertirse en parte definitiva de nuestro ser.

La guerrilla y el campesinado se iban fundiendo en una sola masa, sin que nadie pueda decir en qué momento del largo camino se produjo, en qué momento se hizo íntimamente verídico lo proclamado y fuimos parte de la masa campesina. Sólo sé, en lo que a mí respecta, que aquellas consultas a los guajiros de la Sierra convirtieron la decisión espontánea y algo lírica en una fuerza de distinto valor y más serena. Nunca han sospechado aquellos sufridos y leales pobladores de la Sierra Maestra el papel que desempeñaron como forjadores de nuestra ideología revolucionaria.

En aquel mismo lugar Guillermo García fue ascendido a capitán y se hizo cargo de todos los campesinos que ingresaran nuevos a las columnas. Tal vez el compañero Guillermo no recuerde esa fecha; está anotada en mi diario de combatiente: 6 de mayo de 1957.

Al día siguiente Haydee Santamaría se iba con precisas indicaciones de Fidel a hacer los contactos necesarios, pero, un día más tarde, llegó la noticia de la detención de Nicaragua, el comandante Iglesias, que era el encargado de traernos las armas. Esto provocó un gran desconcierto entre nosotros, pues no nos podíamos imaginar cómo se haría ahora para traerlas; sin embargo, resolvimos seguir caminando con el mismo destino.

Llegamos a un lugar cercano a Pino del Agua, una pequeña hondonada con una «tumba» abandonada en el mismo filo de la Sierra Maestra; había allí dos bohíos deshabitados. Cerca de un camino real, una patrulla nuestra tomó prisionero a un cabo del ejército. Este cabo era un individuo conocido por sus crímenes desde la época de Machado, por lo que algunos de la tropa propusimos ejecutarlo, pero Fidel se negó a hacerle nada; simplemente lo dejamos prisionero custodiado por los nuevos reclutas, sin armas largas todavía y con la prevención de que cualquier intento de fuga le costaría la vida.

La mayoría de nosotros siguió el camino con el fin de ver si las armas habían llegado al lugar convenido y, si estaban, transportarlas. Fue una larga caminata, aunque sin peso, ya que nuestras mochilas completas quedaron en el campamento donde estaba el prisionero. La marcha, sin embargo, no nos dio ningún resultado; no habían llegado los equipos y lo atribuimos, naturalmente, a la detención de Nicaragua. Pudimos comprar bastante alimento en una tienda existente y volver, con distinta pero también bien recibida carga hacia el lugar de partida.

Volvíamos por el mismo camino, a paso lento, cansón, bordeando las crestas de la Sierra Maestra y cruzando con cuidado los lugares pelados. Oímos de pronto disparos en dirección de nuestra marcha, lo que nos preocupó porque uno de nuestros compañeros se había adelantado para llegar cuanto antes al campamento; era Guillermo Domínguez, teniente de nuestra tropa y uno de los que habían llegado con el refuerzo de Santiago. Nos preparamos para cualquier contingencia mientras mandábamos una exploración. Después de un tiempo prudencial aparecieron los exploradores y venía con ellos un compañero llamado Fiallo, que pertenecía al grupo de Crescencio, incorporado nuevamente a la guerrilla en el intervalo de nuestra ausencia. Venía del campamento base nuestro y nos explicó que había un muerto en el camino y que habían tenido un encuentro con los guardias, los que se habían retirado en dirección a Pino del Agua, donde había un destacamento mayor y que quedaba bastante cerca. Avanzamos con muchas precauciones encontrándonos un cadáver al que me tocó reconocer.

Era Guillermo Domínguez, precisamente; estaba desnudo de la cintura para arriba y presentaba un orificio de bala en el codo izquierdo, un bayonetazo en la zona supramamilar izquierda y la cabeza literalmente destrozada por el disparo, al parecer, de su propia escopeta. Algunas municiones eran el testimonio en las carnes laceradas de nuestro infortunado compañero.

Pudimos reconstruir los hechos analizando diferentes datos: los guardias, parece que en un recorrido buscando a su compañero prisionero, el cabo, oyeron llegar a Domínguez, que venía a la delantera, confiado, pues había pasado por allí mismo el día anterior, y lo hicieron prisionero, pero algunos de los hombres de Crescencio venían a hacer contacto con nosotros por la otra dirección del camino (todo esto se produce en las mismas alturas de la Maestra). Al sorprender por la espalda a los guardias, la gente de Crescencio hizo fuego y éstos se retiraron asesinando antes de huir a nuestro compañero Domínguez.

Pino del Agua es un aserrío en plena Sierra y el camino seguido por los guardias es una vieja trocha de acarrear madera que nosotros debíamos atravesar luego de caminar 100 metros por ella, para seguir nuestro estrecho sendero del firme de la divisoria de las aguas. Nuestro compañero no tomó las precauciones elementales en estos casos y tuvo la mala suerte de coincidir con los guardias. Su amargo destino nos sirvió de experiencia para el futuro.

Tomado de: *Pasajes de la guerra revolucionaria* por Ernesto Che Guevara

CUIDANDO HERIDOS
MAYO–JUNIO 1957

[...] En la costa del río Peladero vivía el mayoral de un latifundista, David de nombre, el que cooperó mucho con nosotros; David nos mató una vaca y hubo que salir a buscarla. El animal fue muerto en la costa y partido en pedazos; había que trasladar la carne de noche; mandé el primer grupo con Israel Pardo delante, y luego un segundo dirigido por Banderas. Banderas era bastante indisciplinado y no cumplió su cometido, pesando sobre la otra gente la carga total del animal sacrificado y tardando toda la noche en poder movilizarlo. Ya se estaba formando una pequeña tropa que quedaba a mi mando, ya que Almeida estaba herido; consciente de mi responsabilidad, le notifiqué a Banderas que él dejaba de ser combatiente y se convertía simplemente en un simpatizante, salvo que modificara su actitud. Realmente lo hizo; nunca fue un modelo de combatiente en cuanto a disciplina, pero era uno de esos casos de hombre emprendedor y de mente abierta, simple e ingenuo, que abrió sus ojos a la realidad mediante el choque de la Revolución; estaba labrando su pequeña parcela quitada al monte y tenía una verdadera pasión por los árboles y la agricultura, vivía en una vara de tierra con dos puerquitos que tenían cada uno su nombre y un perrito. Me mostró un día el retrato de sus dos hijos que vivían con la mujer, de la que él se había separado, en Santiago, explicándome que algún día, cuando la Revolución triunfara, podría ir a algún lugar donde pudiera trabajar bien, no en ese pedazo inhóspito de tierra, colgado casi en la cumbre.

Le hablé de las cooperativas y él no entendía bien. Quería trabajar la tierra por su cuenta, con su propio esfuerzo, sin embargo, poco a poco lo iba convenciendo de que era mejor trabajarla entre todos, de que las máquinas podían aumentar su propio trabajo. Banderas hubiera sido hoy, indiscutiblemente, un luchador de vanguardia en el campo de la producción agrícola; allí en la Sierra mejoró sus conocimientos de lectura y escritura y se preparaba para el porvenir. Era un campesino despierto que sabía del valor de contribuir con su propio esfuerzo a hacer un pedazo de historia.

Tuve en esos días una larga conversación con el mayoral David que me pidió una lista de todas las cosas importantes necesarias para nosotros, pues se iba a dirigir a Santiago y las buscaría allí. Era un típico mayoral, fiel al amo, despreciativo con los campesinos, racista. Sin embargo, el ejército lo tomó preso al enterarse de nuestros contactos y lo torturó bárbaramente; su primera preocupación después de aparecer, pues nosotros lo creíamos muerto, fue el explicar que no había hablado. No sé si David está hoy en Cuba o si siguió a sus viejos patronos ya confiscados por la Revolución, pero fue un hombre que sintió en aquellos momentos la necesidad de un cambio, aunque no imaginaba que debía alcanzarlo también a él y a su mundo, y entendió que ese cambio era perentorio hacerlo. De muchos esfuerzos sinceros de hombres simples está hecho el edificio revolucionario, nuestra misión es desarrollar lo bueno, lo noble de cada uno, y convertir a todo hombre en un revolucionario, de Davides, que no entienden bien y Banderas que murieron sin ver la aurora; de sacrificios ciegos y de sacrificios no retribuidos, también se hizo la Revolución. Los que hoy vemos sus realizaciones tenemos la obligación de pensar en los que quedaron en el camino y trabajar para que en el futuro sean menos los rezagados.

Tomado de: *Pasajes de la guerra revolucionaria* por Ernesto Che Guevara

AHORA, COMANDANTE
JULIO 1957

...El manifiesto llevaba por fecha julio 12 de 1957 y fue publicado en los periódicos de aquella época. Esta declaración para nosotros no era más que un pequeño alto en el camino, había que seguir la tarea fundamental que era derrotar al ejército opresor en los campos de batalla. En esos días se formaba una nueva columna de la cual me encargaban su dirección con el grado de capitán y se hacían algunos ascensos más; Ramiro Valdés pasaba a ser capitán y con su pelotón entraba en mi columna, también Ciro Redondo era ascendido a capitán, mandando otro pelotón. La columna se componía de tres pelotones, mandado el primero por Lalo Sardiñas, que llevaba la vanguardia y que a la vez era segundo jefe del destacamento; Ramiro Valdés y Ciro Redondo. Esta columna, a la cual llamaban «el desalojo campesino», estaba constituida por unos 75 hombres, heterogéneamente vestidos y heterogéneamente armados, sin embargo, me sentía muy orgulloso de ellos. Mucho más orgulloso, más ligado a la Revolución, si fuera posible, más deseoso de demostrar que los galones otorgados eran merecidos, me sentiría unas noches más tarde...

Enviábamos una carta de felicitación y reconocimiento a «Carlos», nombre clandestino de Frank País, quien estaba viviendo sus últimos días. La firmaron todos los oficiales del Ejército

Guerrillero que sabían hacerlo (los campesinos de la Sierra no eran muy duchos en este arte y ya eran parte importante de la guerrilla). Se firmó la carta en dos columnas y al poner los cargos de los componentes de la segunda de ellas, Fidel ordenó simplemente: «ponle comandante», cuando se iba a poner mi grado. De ese modo informal y casi de soslayo, quedé nombrado comandante de la segunda columna del Ejército Guerrillero, la que se llamaría número 4 posteriormente.

Fue en una casa campesina, no recuerdo ahora cuál, que se redactó este mensaje cálido de los guerrilleros al hermano de la ciudad que tan heroicamente venía luchando por abastecernos y aliviar la presión desde el mismo Santiago.

La dosis de vanidad que todos tenemos dentro, hizo que me sintiera el hombre más orgulloso de la tierra ese día. El símbolo de mi nombramiento, una pequeña estrella, me fue dado por Celia junto con uno de los relojes de pulsera que habían encargado a Manzanillo. Con mi columna de reciente formación tuve como primera tarea la de tender un cerco a Sánchez Mosquera, pero éste, el más «bicho» de todos los esbirros, ya se había alejado de la zona.

Teníamos que hacer algo para justificar esa vida semi-independiente que llevaríamos en la nueva zona hacia la que debíamos marcharnos en la región de El Hombrito y empezamos a elucubrar hazañas.

Había que prepararse para festejar dignamente la fecha gloriosa, 26 de Julio, que se aproximaba y Fidel me dio mano libre para hacer lo que pudiera, pero con prudencia. En la última reunión estaba presente un nuevo médico incorporado a la guerrilla, Sergio del Valle, hoy jefe del estado mayor de nuestro Ejército Revolucionario y que en aquel entonces ejercía su profesión como las condiciones de la Sierra lo permitieran.

Era necesario demostrar que vivíamos, pues nos habían dado algunos golpes en el llano; las armas destinadas a abrir otro frente desde el Central Miranda cayeron en poder de la policía que tenía presos a muchos valiosos dirigentes, entre ellos a Faustino Pérez. Fidel se había opuesto a separar las fuerzas pero cedió frente a la insistencia del llano. Desde ese momento quedó demostrada la justeza de su tesis y nos dedicamos a fortalecer la Sierra Maestra como primer paso hacia la expansión del Ejército Guerrillero.

Tomado de: *Pasajes de la guerra revolucionaria* por Ernesto Che Guevara

EL CACHORRO ASESINADO
NOVIEMBRE 1957

Para las difíciles condiciones de la Sierra Maestra, era un día de gloria. Por Agua Revés, uno de los valles más empinados e intrincados en la cuenca del Turquino, seguíamos pacientemente a la tropa de Sánchez Mosquera; el empecinado asesino dejaba un rastro de ranchos quemados, de tristeza hosca por toda la región pero su camino lo llevaba innecesariamente a subir por uno de los dos o tres puntos de la Sierra donde debía estar Camilo. Podía ser en el firme de la Nevada o en lo que nosotros llamábamos el firme «del cojo», ahora llamado «del muerto».

Camilo había salido apresuradamente con unos doce hombres, parte de su vanguardia, y ese escaso número debía repartirse en tres lugares diferentes para detener una columna de ciento y pico de soldados. La misión mía era caer por las espaldas de Sánchez Mosquera y cercarlo. Nuestro afán fundamental era el cerco, por eso seguíamos con mucha paciencia y distancia las tribulaciones de los bohíos que ardían entre las llamas de la retaguardia enemiga; estábamos lejos, pero se oían los gritos de los guardias. No sabíamos cuántos de ellos habría en total. Nuestra columna iba caminando dificultosamente por las laderas, mientras en lo hondo del estrecho valle avanzaba el enemigo.

Todo hubiera estado perfecto si no hubiera sido por la nueva mascota: era un pequeño perrito de caza, de pocas semanas de nacido. A pesar de las reiteradas veces en que Félix lo conminó a volver a nuestro centro de operaciones —una casa donde quedaban los cocineros—, el cachorro siguió detrás de la columna. En esa zona de la Sierra Maestra, cruzar por las laderas resulta sumamente dificultoso por la falta de senderos. Pasamos una difícil «pelúa», un lugar donde los viejos árboles de la «tumba» —árboles muertos— estaban tapados por la nueva vegetación que había crecido y el paso se hacía sumamente trabajoso; saltábamos entre troncos y matorrales tratando de no perder el contacto con nuestros huéspedes. La pequeña columna marchaba con el silencio de estos casos, sin que apenas una rama rota quebrara el murmullo habitual del monte; éste se turbó de pronto por lo ladridos desconsolados y nerviosos del perrito. Se había quedado atrás y ladraba desesperadamente llamando a sus amos para que lo ayudaran en el difícil trance. Alguien pasó al animalito y otra vez seguimos; pero cuando estábamos descansando en lo hondo de un arroyo con un vigía atisbando los movimientos de la hueste enemiga, volvió el perro a lanzar sus histéricos aullidos; ya no se conformaba con llamar, tenía miedo de que lo dejaran y ladraba desesperadamente.

Recuerdo mi orden tajante: «Félix, ese perro no da un aullido más, tú te encargarás de hacerlo. Ahórcalo. No puede volver a ladrar.» Félix me miró con unos ojos que no decían nada. Entre toda la tropa extenuada, como haciendo el centro del círculo, estaban él y el perrito. Con toda lentitud sacó una soga, la ciñó al cuello del animalito y empezó a apretarlo. Los cariñosos movimientos de su cola se volvieron convulsos de pronto, para ir poco a poco extinguiéndose al compás de un quejido muy fijo que podía burlar el círculo atenazante de la garganta. No sé cuánto tiempo fue, pero a todos nos pareció muy largo el lapso pasado hasta el fin. El cachorro, tras un último movimiento nervioso, dejó de debatirse. Quedó allí, esmirriado, doblada su cabecita sobre las ramas del monte.

Seguimos la marcha sin comentar siquiera el incidente. La tropa de Sánchez Mosquera nos había tomado alguna delantera y poco después se oían unos tiros; rápidamente bajamos la ladera, buscando entre las dificultades del terreno el mejor camino para llegar a la retaguardia; sabíamos que Camilo había actuado. Nos demoró bastante llegar a la última casa antes de la subida; íbamos con muchas precauciones, imaginando a cada momento encontrar al enemigo. El tiroteo había sido nutrido pero no había durado mucho, todos estábamos en tensa expectativa. La última casa estaba abandonada también. Ni rastro de la soldadesca. Dos exploradores subieron el firme «del cojo», y al rato volvían con la noticia: «Arriba había una tumba. La abrimos y encontramos un casquito enterrado». Traían también los papeles de la víctima hallados en los bolsillo de su camisa. Había habido lucha y una muerte. El muerto era de ellos, pero no sabíamos nada más.

Volvimos desalentados, lentamente. Dos exploraciones mostraban un gran rastro de pasos, para ambos lados del firme de la Maestra, pero nada más. Se hizo lento el regreso, ya por el camino del valle.

Llegamos por la noche a una casa, también vacía; era en el caserío de Mar Verde, y allí pudimos descansar. Pronto cocinaron un puerco y algunas yucas y al rato estaba la comida. Alguien cantaba una tonada con una guitarra, pues las casas campesinas se abandonaban de pronto con todos sus enseres dentro.

No sé si sería sentimental la tonada, o si fue la noche, o el cansancio… Lo cierto es que Félix que comía sentado en el suelo, dejó un hueso. Un perro de la casa vino mansamente y lo cogió. Félix le puso la mano en la cabeza, el perro lo miró; Félix lo miró a su vez y nos cruzamos algo así como una mirada culpable. Quedamos repentinamente en silencio. Entre nosotros hubo una conmoción imperceptible. Junto a todos, con su mirada mansa, picaresca con algo de reproche, aunque observándonos a través de otro perro, estaba el cachorro asesinado.

Tomado de: *Pasajes de la guerra revolucionaria* por Ernesto Che Guevara

UN AÑO DE LUCHA ARMADA
DICIEMBRE 1957

Al iniciarse el año 1958 cumplimos más de uno de lucha. Se impone un pequeño recuento de nuestra situación alcanzada en el plano militar, organizativo y político y de cómo fuimos avanzando.

Recordemos sucintamente, en lo militar, que nuestra tropa desembarcó el día 2 de diciembre de 1956 en la playa Las Coloradas, fue sorprendida y batida en Alegría de Pío tres días después, el 5 de diciembre, y se reagrupó a finales de ese mismo mes, para volver a iniciar las acciones en la escala pequeña que correspondía a nuestra nueva fuerza, en La Plata, pequeño cuartel situado a las orillas del río del mismo nombre en la costa sur de Oriente.

La característica fundamental de nuestra tropa, en todo el período que va desde el desembarco y la inmediata derrota de Alegría de Pío hasta el combate de Uvero, es la existencia de un solo grupo guerrillero dirigido por Fidel Castro, y la movilidad constante (fase nómada, podríamos llamarle).

Las conexiones con la ciudad se establecen lentamente en el lapso comprendido entre el 2 de diciembre y el 28 de mayo, fecha del combate del Uvero. Estas relaciones, durante el tiempo analizado, se caracterizan por la incomprensión por parte de la

Dirección del Movimiento en el llano, de nuestra importancia como vanguardia de la Revolución y de la altura de Fidel como jefe de ella.

Es en este momento en que se forjan dos opiniones distintas en cuanto a la táctica a seguir, respondiendo a dos conceptos estratégicos, distintos, bautizados entonces como la Sierra y el Llano, nuestras discusiones y nuestras luchas internas fueron bastante agudas. Con todo, en esta fase la preocupación fundamental era subsistir e ir creando la base guerrillera. El campesinado ha seguido un proceso que hemos analizado en reiteradas oportunidades. En el instante siguiente al desastre de Alegría de Pío, hubo un cálido sentimiento de compañerismo y un apoyo espontáneo a nuestra tropa en derrota, después del reagrupamiento y las primeras acciones, conjuntamente con la represión del ejército, se produce el terror entre los campesinos y la frialdad ante nuestras fuerzas. El problema fundamental era que si nos veían tenían que denunciarnos, pues si el ejército llegaba a saberlo por otras vías estaban perdidos; la denuncia iba contra su propia conciencia y, además, también los ponía en peligro porque la justicia revolucionaria era expedita.

Pese a un campesinado aterrorizado, a lo más neutral, inseguro, que elegía, como método para sortear la gran disyuntiva, el abandonar la Sierra, nuestro ejército fue asentándose cada vez más, haciéndose más dueño del terreno y logrando el control absoluto de una zona de la Maestra que llegaba más allá del Pico Turquino hacia el este y hasta las inmediaciones del pico denominado Caracas en el oeste. Poco a poco, cuando los campesinos vieron lo indestructible de la guerrilla y lo largo que lucía el proceso de lucha, fueron reaccionando en la forma más lógica e incorporándose a nuestro ejército como combatientes. Desde ese momento, no solo nutrieron nuestras filas, sino que además se agruparon a nuestro lado, el ejército guerrillero se asentó fuertemente en la tierra, dada la característica de los campesinos de tener parientes en toda la zona. Esto es lo que llamamos vestir de yarey a la guerrilla.

La columna no se nutrió solamente por el aporte de los campesinos y el de los voluntarios individuales, también de fuerzas enviadas por la Dirección Nacional y la Provincial de Oriente que tenía bastante autonomía. En el período que va desde el desembarco hasta Uvero, llega una columna compuesta por unos cincuenta hombres divididos en cinco pelotones de combatientes cada uno con un arma, aunque las había de distinto tipo y sólo 30 eran de buena calidad. Antes de la llegada de este grupo se habían realizado los combates de La Plata y de Arroyo del Infierno, habíamos sido sorprendidos en los Altos de Espinosa, perdiendo un hombre y otra vez estuvimos a punto de serlo en la región de Gaviro; había un traidor infiltrado en nuestra pequeña tropa que llevara tres veces el ejército hacia donde estábamos y que tenía la encomienda de matar a Fidel.

Con las amargas experiencias de estas sorpresas y la vida dura del monte, fuimos adquiriendo temple de veteranos. La nueva tropa recibió su bautismo de fuego en el combate de Uvero. Esta acción tiene una gran importancia porque marca el instante en que realizamos un ataque frontal contra un puesto bien defendido, a la luz del día. Además, fue uno de los sucesos más sangrientos de la guerra, habida cuenta de la duración del combate y de la cantidad de participantes en él. A raíz de este encuentro fueron desalojadas por el enemigo las zonas costeras de la Sierra Maestra.

Posteriormente a Uvero y después del reencuentro con la columna principal de una, pequeña, que había quedado a mi cargo con los heridos y se había ido nutriendo de distintos combatientes aislados, se me nombra jefe de la Segunda Columna, nominada 4, que debía operar al este del Turquino. Vale decir, la columna dirigida personalmente por Fidel operaría fundamentalmente al oeste de ese pico y la nuestra del otro lado, hasta donde pudiéramos abarcar. Había cierta independencia de mando táctico, pero estábamos dirigidos por Fidel, con el cual manteníamos correspondencia por medio de mensajeros cada semana o quince días. Esta división coincidió con el aniversario del 26 de Julio y mientras las tropas de la columna 1, José Martí, atacaban Estrada Palma, haciendo una serie de demostraciones, nosotros marchábamos aceleradamente hacia la zona de Bueycito, poblado al que atacamos y tomamos como primera acción. Desde la fecha apuntada hasta los primeros días de enero del año 58, se produce la consolidación del territorio rebelde; el ejército, para entrar, tiene que concentrar fuerzas y avanzar en columnas fuertes; los preparativos son grandes y los resultados escasos, ya que no tienen movilidad. Varias columnas enemigas son cercadas y otras diezmadas o, al menos, detenidas. Aumenta el conocimiento de la zona y la capacidad de maniobra, iniciándose el período sedentario o de fijación perenne al terreno. En el primer ataque a Pino del Agua utilizamos métodos más sutiles, engañando totalmente al enemigo, pues ya conocíamos sus costumbres, según lo previó Fidel, días después de dejarse ver en la zona llegaría la expedición punitiva… y mi tropa los esperaba emboscada, mientras Fidel se hacía ver por otros lares.

A fines del año, las tropas enemigas se retiraban una vez más de la Sierra y quedábamos dueños del territorio existente entre el Pico Caracas y Pino del Agua, de oeste a este, el mar al sur y los pequeños poblados de las estribaciones de la Maestra, ocupados por el ejército al norte.

Nuestra zona de operaciones se ampliaría grandemente al ser atacado por segunda vez Pino del Agua, por todas nuestras fuerzas en conjunto bajo la dirección personal de Fidel y formarse dos nuevas columnas, la 6, que llevaría el nombre de Frank País, al mando de Raúl y la columna de Almeida. Ambas eran desprendimientos de la 1, comandada por Fidel, la que fue nutriente perenne de estos desgajamientos que se producían para asentar nuevas fuerzas en territorios distantes. Así se vigorizaría la tendencia iniciada con la formación de la columna 4, que se puede comparar al fenómeno de creación de nuevas columnas a partir de la colmena madre, la columna 1.

El período de consolidación de nuestro ejército, en el cual no podíamos atacar por falta de fuerzas las posiciones que el enemigo ocupaba en puntos fortificados y relativamente fáciles de defender, y éste no avanzaba sobre nosotros, se mantuvo como característica hasta el segundo combate de Pino del Agua, el 16 de febrero del año 1958.

En nuestro campo se han sufrido las muertes de los mártires del *Granma*, todas ellas sentidas, pero de particular significación las de Ñico López y Juan Manuel Márquez. Otros combatientes que por su arrojo, y sus cualidades morales habían adquirido gran prestigio entre la tropa, han dejado su vida en este primer año, entre ellos, cabe citar a Nano y Julio Díaz, que no eran hermanos, muertos los dos en el combate de Uvero y el último veterano del Moncada, Ciro Redondo, muerto en el combate de Mar Verde, el capitán Soto, muerto en el combate de San Lorenzo. En la lucha en las ciudades, además de un largo número de mártires, debíamos apuntar como la pérdida más grande de la Revolución hasta ese momento, la muerte de Frank País en Santiago de Cuba.

A la lista de hechos de armas en la Sierra Maestra, debía adjuntarse el trabajo desplegado por las fuerzas del Llano en las ciudades. En todas las principales poblaciones del país actuaban grupos que combatían el régimen de Batista, pero los dos polos de lucha más importantes estaban en La Habana y Santiago. En la primera, el Movimiento infructuosamente trató de desarrollar una línea armada que diera señales constantes de vida y movimiento, Santiago, por el contrario, se convertía en una trinchera de primer orden en la larga batalla contra la dictadura batistiana, está ligado geográficamente con la Sierra Maestra.

Lo que faltó en todo momento fue una conexión completa entre el Llano y la Sierra, debido a dos factores fundamentales; el aislamiento geográfico de la Sierra y las divergencias de tipo táctico y estratégico entre los dos grupos del Movimiento. Este último fenómeno provenía de concepciones sociales y políticas diferentes.

La Sierra estaba aislada por sus condiciones naturales y además por los cordones de vigilancia que en algunos momentos llegaron a hacerse extremadamente difíciles de pasar. En este breve bosquejo de la lucha del país en un año, habría que señalar también las acciones en general infructuosas y que llegaron a tristes resultados, de otros grupos de combatientes.

El 13 de marzo de 1957, el Directorio Estudiantil atacaba Palacio en un intento de ajusticiar a Batista. En esa acción cayó un selecto puñado de combatientes, encabezados por el presidente de la FEU y gran luchador, todo un símbolo de nuestra juventud, Manzanita, Echeverría.

Pocos meses después, en mayo, se intentaba un desembarco que probablemente haya sido entregado antes de partir de Miami, pues era financiado con los dineros del traidor

Prío, y cuyo resultado fue una masacre casi completa de los participantes. Se trata de la expedición del *Corintia*, dirigida por Calixto Sánchez, muerto, como casi todos sus compañeros, por Cowley, el asesino de la zona norte de Oriente que después fuera ajusticiado por miembros de nuestro Movimiento.

Se iniciaba la fijación de grupos de lucha en el Escambray, orientados algunos de ellos por el Movimiento 26 de julio y otros por el Directorio Estudiantil. Estos últimos fueron encabezados primero por un miembro del Directorio que traicionaría a esa agrupación, para después traicionar a toda la Revolución, el hoy exiliado Gutiérrez Menoyo.

Los combatientes leales al Directorio formaron una columna aparte que después dirigía el comandante Chomón y los restantes dieron origen al llamado II Frente Nacional del Escambray.

Se formaban pequeños núcleos en las sierras de Cristal y de Baracoa, a veces mitad guerrillas y mitad «come vacas», que Raúl debió depurar en su invasión con la columna 6. Otro aspecto de la lucha armada de esta época es el alzamiento de la Base Naval de Cienfuegos, el 5 de septiembre de 1957, dirigido por el teniente San Román, que fuera asesinado a raíz del fracaso del golpe. La Base Naval de Cienfuegos no estaba destinada a alzarse sola, ni fue una acción espontánea, era parte de un gran movimiento subterráneo entre las fuerzas armadas, dirigido por un grupo de militares llamados puros (los no maculados con los crímenes de la dictadura) que estaban —hoy se ve claro— penetrados por el imperialismo yanqui. Por algún oscuro motivo, el alzamiento fue pospuesto para otra fecha, pero la Base Naval de Cienfuegos, por no recibir la orden a tiempo o no poder impedirlo ya, resolvió alzarse. En el primer momento dominaron la situación pero cometieron el trágico error de no encaminarse a la Sierra del Escambray, distante sólo algunos minutos de Cienfuegos, cuando tenían dominada toda la ciudad y disponían de los medios para hacerlo con rapidez y formar un sólido frente en la montaña.

Tienen participación activa dirigentes nacionales y locales del 26 de Julio, y el pueblo participa, al menos en el entusiasmo que provoca el alzamiento y algunos toman las armas. Esto puede haber creado obligaciones morales a los jefes del mismo que les atara más aún a la ciudad conquistada, pero el desarrollo de los acontecimientos sigue una línea lógica en este tipo de golpe que la historia recoge antes y después de él. Juega aquí, evidentemente, un papel importante el poco valor dado por los militares de academia a la lucha guerrillera, la falta de fe en la guerrilla como expresión de la lucha del pueblo. Y fue así cómo los conjurados, pensando probablemente que sin el auxilio de sus compañeros de armas estaban derrotados, decidieron sostener una lucha a muerte en los estrechos límites de una ciudad, de espaldas al mar, hasta ser prácticamente aniquilados por la superioridad del enemigo que movilizó cómodamente sus tropas convergiendo sobre Cienfuegos. El 26 de Julio, participando como asociado sin armas, no hubiera podido cambiar el panorama aunque sus dirigentes vieran claro el resultado final, cosa que tampoco ocurrió. La lección para el futuro es que el poseedor de la fuerza dicta la estrategia.

Las grandes matanzas de civiles, los fracasos repetidos y los asesinatos cometidos por la dictadura en distintos aspectos de la lucha que se han analizado indicaba que la acción guerrillera en terrenos favorables era la expresión más acabada de la técnica de la lucha popular frente a un gobierno despótico y fuerte todavía, y la menos dolorosa para los hijos del pueblo. Mientras nuestras bajas se contaban con los dedos, después del asentamiento de la guerrilla —si bien eran compañeros sobresalientes por su valor y por su decisión en el combate—, en las ciudades también morían los decididos, pero los seguía un gran número de individuos de menor significación revolucionaria y, hasta inocentes de lo imputado, debido a la gran vulnerabilidad frente a la acción represiva.

Al finalizar este primer año de lucha el panorama era de un alzamiento general en todo el territorio nacional. Se sucedían los sabotajes, que iban desde algunos técnicamente realizados y bien meditados, hasta acciones terroristas banales realizadas al calor de impulsos individuales, dejando un saldo doloroso de muertes inocentes y de sacrificios de los mejores luchadores, sin significar un verdadero provecho a la causa del pueblo.

Nuestra situación militar se consolidaba y era amplio el territorio que ocupábamos. Estábamos en una paz armada con Batista, sus capitanes no subían a la Sierra y nuestras tropas no podían bajar mucho, el cerco se estrechaba todo lo que podía el enemigo, pero nuestras tropas lo burlaban aún.

En el aspecto organizativo, nuestro Ejército Guerrillero había avanzado lo suficiente para tener, al final del año, organizaciones elementales de acopio, algunos servicios industriales mínimos, hospitales y comunicaciones formadas.

Los problemas del guerrillero eran muy simples, para subsistir individualmente necesitaba comida en pocas cantidades, alguna ropa y algunas medicinas indispensables, para subsistir como guerrilla, es decir, como fuerza armada en lucha, armas y parque, para desarrollarse en el aspecto político, vehículos de propaganda. Para poder asegurar estas necesidades mínimas, era preciso que existiera un aparato de comunicaciones e información.

Al principio, las pequeñas fuerzas guerrilleras, una veintena de hombres, comían una magra ración de alguno de los vegetales de la Sierra, algún caldo de pollo, en los casos de banquete o algún puerco de los campesinos, pagándolo religiosamente. A medida que iban aumentando las guerrillas y los grupos de preguerrilleros que se entrenaban, eran necesarios abastecimientos más copiosos. Los campesinos de la Sierra no tienen animales vacunos, y, en general, toda su dieta ha sido de subsistencia, dependiendo del café para lograr los artículos industriales que necesiten o algunos comestibles imprescindibles como la sal, que no existe en la Sierra. Como primera medida, ordenamos siembras especiales a algunos campesinos, a los cuales asegurábamos las compras de las cosechas de frijoles, de maíz, de arroz, etc., y, al mismo tiempo, organizábamos con algunos comerciantes de los pueblos aledaños, vías de abastecimiento que permitían llevar a la Sierra la comida y algunos equipos. Se crearon arrias de mulos pertenecientes a las fuerzas guerrilleras.

En cuanto a las medicinas, se obtenían de la ciudad, pero no siempre en la cantidad y calidad requeridas, por lo tanto debíamos mantener también cierta organización para asegurarlas.

Las armas fue difícil lograrlas desde el llano, a las dificultades naturales del aislamiento geográfico, se agregaban las necesidades de las mismas fuerzas de las ciudades y su renuencia a entregarlas a las fuerzas guerrilleras, duras discusiones tuvo que mantener Fidel para que algunos equipos llegaran. El único cargamento importante que podemos apuntar en este primer año de lucha, fuera del que trajeron los propios combatientes incorporados, fue un remate de las armas utilizadas en el ataque a Palacio que fue transportado con la complicidad de un gran maderero latifundista de la zona, llamado Babún, a quien ya nos hemos referido en estas notas.

El parque escaseaba mucho, lo recibíamos contado y sin la variedad necesaria, pero para nosotros fue imposible organizar fábricas, ni siquiera recargar cartuchos en esta primera época, salvo las balas de revólver 38, que eran recargadas por el armero con un poco de pólvora, y algunos 30-06 que se usaban en los fusiles de cerrojo, ya que en los fusiles semiautomáticos se trababan e impedían su funcionamiento correcto.

En el aspecto de la organización de la vida de los campamentos y las comunicaciones, se establecieron algunas regulaciones sanitarias y en esta época nacieron los hospitales, uno de éstos estaba instalado en la zona bajo mi mando, en un lugar de bastante difícil acceso y que ofrecía relativa seguridad a los heridos, pues era invisible desde el aire, pero el ambiente húmedo del paraje, rodeado de montes, era bastante insalubre para los heridos o enfermos que allí estaban. Este hospital fue organizado por el compañero Sergio del Valle. Los médicos Martínez Páez, Vallejo y Piti Fajardo, organizaban en la columna de Fidel hospitales similares, pero solamente adquirieron categoría superior en el segundo año de la lucha.

Las necesidades de equipo de la tropa, tales como cartucheras, cananas, mochilas, zapatos, eran cubiertas por una pequeña talabartería que habíamos desarrollado en nuestra zona (el primer gorro del ejército que salió fue llevado por mí a Fidel, orgullosamente, un tiempo después, pero me montaron una jarana terrible, porque decían que era una gorra de guagüero, palabra cuyo significado no conocía bien hasta ese momento, el único que se mostró clemente conmigo fue un concejal batistiano de Manzanillo que había ido de visita en trámites para pasarse a nuestras fuerzas y que la llevó consigo de recuerdo).

Nuestra creación industrial más importante era una pequeña herrería y armería, donde se arreglaban las armas defectuosas y, al mismo tiempo, se hacían bombas, minas de distinto tipo y el famoso M-26. Las minas se hacían al principio con hojalata y se las llenaba con el material de las bombas que frecuentemente lanzaba la aviación enemiga y no explotaban, estas minas eran muy defectuosas, tenían además un percutor de contacto, por presión sobre un fulminante, que fallaba mucho. Posteriormente un compañero tuvo la idea de usar la bomba completa para ataques mayores, quitándole el fulminante a la misma y poniendo en su lugar una escopeta con un cartucho, el gatillo de la escopeta se halaba con un cordel desde lejos y explotaba. Más adelante perfeccionamos el sistema, haciendo fundiciones especiales con metal potente y poniéndole fulminantes eléctricos, lo que dio mejores resultados. Aunque nosotros empezamos este desarrollo, el que le dio verdadero impulso fue Fidel y, posteriormente, Raúl en su nuevo centro de operaciones, creando industrias más poderosas que las que existían en este primer año de guerra.

Para la satisfacción de los fumadores de nuestra tropa, teníamos una fábrica de tabacos, que los hacía muy malos, pero sabían a gloria cuando no había otros.

La carnicería de nuestro ejército se abastecía con reses que confiscábamos a chivatos y latifundistas y el reparto era equitativo, parte para la población campesina y parte para nuestras propias fuerzas.

En cuanto a la difusión de nuestras ideas, primero creamos un pequeño periódico llamado *El Cubano Libre*, en recordación de los héroes de la manigua, del cual salieron tres o cuatro números bajo nuestra dirección para pasar luego a la de Luis Orlando Rodríguez y, posteriormente, Carlos Franqui, que le dio un nuevo impulso. Teníamos un mimeógrafo traído del llano y con el tirábamos los números.

Al finalizar este primer año de guerra y comenzar el segundo, teníamos una pequeña planta transmisora. Las primeras transmisiones formales se realizaron en los días de febrero del año 1958 y los únicos oyentes que tuvimos fueron Pelencho, un campesino cuyo bohío estaba situado en la loma de enfrente a la planta y Fidel, que estaba de visita en nuestro campamento preparando las condiciones para atacar Pino del Agua, y escuchó la transmisión de nuestro receptor. Paulatinamente fue mejorando la calidad técnica de las emisiones, pasando entonces a la columna 1, siendo una de las estaciones de más «rating» de Cuba, al finalizar la campaña en diciembre del 58.

Todos estos pequeños adelantos, incluyendo algunos equipos, como un torno de un metro de bancada y algunos dinamos que, trabajosamente, habíamos subido a la Sierra para tener luz eléctrica, se debían a nuestras propias conexiones. Frente a las dificultades, tuvimos que ir creando una red propia de comunicaciones e informaciones, en ese aspecto jugaron un papel importante Lidia Doce, en mi columna, y Clodomira en la de Fidel.

La ayuda de aquella época no era solamente de la población de los pueblos aledaños, sino incluso, la burguesía de las ciudades aportaba algunos equipos a la lucha guerrillera. Nuestras líneas de comunicaciones llegaban a los poblados de Contramaestre, Palma, Bueycito, Las Minas de Bueycito, Estrada Palma, Yara, Bayamo, Manzanillo, Guisa, y estos puntos eran utilizados como intermedio para después traerlas a lomo de mulo, por caminos escondidos de la Sierra, hasta nuestras posiciones. A veces, las tropas que se estaban entrenando y no tenían armas todavía, bajaban con algunos de nuestros hombres armados hasta las poblaciones más cercanas, como Yao o las Minas y a tiendas bien abastecidas de la comarca, y cargábamos a hombro los abastecimientos hacia nuestros refugios. El único artículo que nunca nos faltó en la Sierra Maestra, o casi nunca, fue el café, a veces tuvimos falta hasta de sal, que es uno de los alimentos más importantes para la vida y cuyas virtudes se reconocen plenamente cuando escasea.

Cuando ya nuestra emisora se hizo al aire y se conoció sin lugar a dudas, en todo el ámbito de la república, la presencia beligerante de nuestras tropas, fueron aumentando las conexiones y haciéndose más complicadas, llegando incluso a La Habana y Camagüey, donde teníamos centros importantes de aprovisionamiento, por el oeste, y a Santiago por el este.

El servicio de información estaba desarrollado de tal manera que los campesinos de la zona inmediatamente avisaban la presencia, no sólo del ejército, sino de cualquier extraño y podíamos apresarlo fácilmente para investigar su actuación, así fueron eliminados muchos agentes del ejército y chivatos que se infiltraban en la zona para averiguar de nuestra vida y hazañas.

El servicio jurídico empezaba a estructurarse, pero todavía no había sido promulgada ninguna ley de la Sierra. Tal era nuestra situación organizativa al comenzar el último año de la guerra.

En cuanto a la lucha política, era muy complicada y contradictoria. La dictadura de Batista se desenvolvía con la ayuda de un congreso elegido mediante fraudes de tal tipo que aseguraban una cómoda superioridad al gobierno.

Se podían expresar, cuando no había censura, algunas opiniones disidentes, pero voceros oficiosos u oficiales del régimen llamaban a la concordia nacional con sus voces potentes, transmitidas en cadena para todo el territorio nacional. Con la histérica voz de Otto Meruelo se alternaban las engoladas de los payasos Pardo Llada y Conte Agüero y, este último, en la palabra escrita, repetía los conceptos de la radio, llamando al «hermano Fidel», a la coexistencia con el régimen batistiano.

Los grupos de oposición eran muy variados y disímiles, aunque la mayoría tenía el denominador común de su disposición de tomar para sí el poder (léase fondos públicos). Esto traía como consecuencia una sórdida lucha intestina para asegurar ese triunfo. Los grupos estaban totalmente penetrados por los agentes de Batista que, en el momento oportuno, denunciaban cualquier acción de alguna envergadura. A pesar del carácter gangsteril y arribista de estas agrupaciones, también tuvieron sus mártires, algunos de reconocida valía nacional, pues el desconcierto era total en la sociedad cubana y hombres honestos y valientes sacrificaban su vida en aras de la regalada existencia de personajes como Prío Socarrás.

El Directorio tomaba el camino de la lucha insurreccional, pero se separaba de nuestro movimiento manteniendo una línea propia; el PSP se unía a nosotros en algunas acciones concretas, pero existían recelos mutuos que impedían la acción común y fundamentalmente el partido de los trabajadores no había visto con suficiente claridad el papel de la guerrilla, ni el papel personal de Fidel en nuestra lucha revolucionaria.

En una discusión fraterna le dije una frase a un dirigente del PSP que él repitiera a otros como expresión de una verdad de aquel momento: «Ustedes son capaces de crear cuadros que se dejen despedazar en la oscuridad de un calabozo, sin decir una palabra, pero no de formar cuadros que tomen por asalto un nido de ametralladora.»

Desde mi punto de vista sectorial de la guerrilla había definido el resultado de un concepto estratégico, la decisión de luchar contra el imperialismo y los desmanes de las clases explotadoras, pero la falta de visión de la posibilidad de tomar el poder.

Después se incorporarían hombres de espíritu guerrillero, pero ya faltaba poco tiempo para el final de la lucha armada y no se sintieron apreciablemente sus efectos.

En el seno de nuestro propio movimiento se movían dos tendencias bastante acusadas, a las cuales hemos llamado ya la Sierra y el Llano. Diferencias de conceptos estratégicos nos separaban. La Sierra estaba ya segura de poder ir desarrollando la lucha guerrillera; trasladarla a otros lugares y cercar así, desde el campo, a las ciudades de la tiranía, para llegar a hacer explotar todo el aparato del régimen mediante una lucha de estrangulamiento y desgaste. El Llano planteaba una posición aparentemente más revolucionaria, como era la de la lucha armada en todas las ciudades, convergiendo en una huelga general que derribara a Batista y permitiera la toma del poder en poco tiempo.

Esta posición era sólo aparentemente más revolucionaria, porque en aquella época todavía no se había completado el desarrollo político de los compañeros del Llano y sus conceptos de la huelga general eran demasiado estrechos. Huelga general llamada por sorpresa, clandestinamente, sin una preparación política previa y sin una acción de masas, llevaría, el año siguiente, a la derrota del 9 de abril.

Esas dos tendencias tenían representación en la Dirección Nacional del Movimiento, que fue cambiando con el curso de la lucha. En la etapa de preparación, hasta que Fidel partió para México, la Dirección Nacional estaba compuesta por el mismo Fidel, Raúl, Faustino Pérez, Pedro Miret, Ñico López, Armando Hart, Pepe Suárez, Pedro Aguilera, Luis Bonito, Jesús Montané, Melba Hernández y Haydee Santamaría, si mi información no es incorrecta, ya que en esta época mi participación personal fue muy escasa y la documentación que se conserva es bastante pobre.

Posteriormente, por diversas incompatibilidades fueron separándose de la Dirección, Pepe Suárez, Pedro Aguilera y Luis Bonito y, en el transcurso de la preparación de la lucha, entraban en la Dirección Nacional, mientras nosotros estábamos en México, Mario Hidalgo, Aldo Santamaría, Carlos Franqui, Gustavo Arcos y Frank País.

De todos los compañeros que hemos nombrado, llegaban y permanecían en la Sierra, durante este primer año, Fidel y Raúl solamente. Faustino Pérez, expedicionario del *Granma*, se encargaba de la acción en la ciudad; Pedro Miret era apresado horas antes de salir de México y quedaba allí hasta el año siguiente, en que llegaría a Cuba con un cargamento de armas; Ñico López moría en los primeros días del desembarco; Armando Hart estaba preso al finalizar el año que estamos analizando (o principios del siguiente); Jesús Montané era apresado después del desembarco del *Granma*, al igual que Mario Hidalgo; Melba Hernández y Haydee Santamaría permanecían en la acción de las ciudades; Aldo Santamaría y Carlos Franqui se incorporarían al año siguiente a la lucha de la Sierra, pero en 1957 no estaban allí; Gustavo Arcos permanecía en México en contactos políticos y de aprovisionamiento en aquella zona, y Frank País, encargado de la acción en la ciudad de Santiago, moría en julio de 1957.

Después, en la Sierra, se irían incorporando: Celia Sánchez, que permaneció con nosotros todo el alto 58; Vilma Espín, que trabajaba en Santiago y acabó la guerra en la columna de Raúl Castro; Marcelo Fernández, coordinador del Movimiento, que reemplazó a Faustino después de la huelga del 9 de abril y solamente estuvo con nosotros algunas semanas, pues su labor

era en las poblaciones; René Ramos Latour, encargado de la
organización de las milicias del Llano, que subiera a la Sierra
después del fracaso del 9 de abril y muriera heroicamente como
comandante en las luchas del segundo año de guerra; David
Salvador, encargado del movimiento obrero, al que dio el sello
de su acción oportunista y divisionista y que, posteriormente,
traicionaría a la Revolución, estando actualmente en la cárcel.
Además, se incorporaron tiempo después algunos de los combatientes de la Sierra, como Almeida.

Como se ve, en esta etapa, los compañeros del Llano constituían la mayoría y su extracción política, que no había sido
influenciada grandemente por el proceso de maduración
revolucionaria, los inclinaba a cierta acción «civilista», a cierta
oposición al caudillo, que se temía en Fidel, y la fracción
«militarista» que representábamos las gentes de la Sierra. Ya
apuntaban las divergencias, pero todavía no se habían hecho
lo suficientemente fuertes como para provocar las violentas
discusiones que caracterizaron el segundo año de la guerra.

Es importante señalar que, el grupo de combatientes que en
la Sierra y en el Llano dieron la pelea a la dictadura, supieron
mantener opiniones tácticas a veces diametralmente opuestas
sin abandonar por eso el campo insurreccional, profundizando
cada vez más su espíritu revolucionario, hasta el momento en
que, lograda la victoria y luego de las primeras experiencias de la
lucha contra el imperialismo, se conjugaran todos en una fuerte
tendencia partidaria, dirigida indiscutiblemente por Fidel y se
uniera luego a los grupos del Directorio y el Partido Socialista
Popular, para formar nuestro PURSC. Frente a las presiones
externas a nuestro movimiento y a las tendencias de dividirlo o
de penetrarlo, siempre presentamos un frente común de lucha
y aun los compañeros que en aquel momento vieron con menos

perspectiva el cuadro de la Revolución cubana, supieron estar al acecho de los oportunistas.

Cuando Felipe Pazos, invocando el nombre del 26 de Julio, capitalizó para su persona y para intereses de las oligarquías más corrompidas de Cuba los puestos ofrecidos por el Pacto de Miami, en el cual se apuntaba como presidente provisional, todo el Movimiento estuvo fuertemente unido en contra de esta actitud y respaldaron la carta que Fidel Castro enviara a las organizaciones de la lucha contra Batista. Reproducimos íntegramente ese documento por ser realmente histórico; tiene como fecha la de diciembre 14 de 1957 y está manuscrito por Celia Sánchez, ya que las condiciones de aquella época no permitían otro tipo de impresión...

Tomado de: *Pasajes de la guerra revolucionaria* por Ernesto Che Guevara

LA OFENSIVA FINAL: LA BATALLA DE SANTA CLARA
MAYO–DICIEMBRE 1958

El 9 de abril fue un sonado fracaso que en ningún momento puso en peligro la estabilidad del régimen. No tan sólo eso: después de esta fecha trágica, el gobierno pudo sacar tropas e ir poniéndolas gradualmente en Oriente y llevando a la Sierra Maestra la destrucción. Nuestra defensa tuvo que hacerse cada vez más dentro de la Sierra Maestra, y el gobierno seguía aumentando el número de regimientos que colocaba frente a posiciones nuestras, hasta llegar al número de diez mil hombres, con los que inició la ofensiva el 25 de mayo, en el pueblo de Las Mercedes, que era nuestra posición avanzada.

Allí se demostró la poca efectividad combatiente del ejército batistiano y también nuestra escasez de recursos; 200 fusiles hábiles, para luchar contra 10 000 armas de todo tipo; era una enorme desventaja. Nuestros muchachos se batieron valientemente durante dos días, en una proporción de 1 contra 10 ó 15; luchando, además, contra morteros, tanques y aviación, hasta que el pequeño grupo debió abandonar el poblado. Era comandado por el capitán Ángel Verdecia, que un mes más tarde moriría valerosamente en combate.

Ya por esa época, Fidel Castro había recibido una carta del traidor Eulogio Cantillo, quien, fiel a su actitud politiquera de saltimbanqui, como jefe de operaciones del enemigo, le escribía al jefe rebelde diciéndole que la ofensiva se realizaría de todas maneras, pero que cuidara «El Hombre» (Fidel) para esperar el resultado final. La ofensiva, efectivamente, siguió su curso y en los dos meses y medio de duro batallar, el enemigo perdió más de mil hombres entre muertos, heridos, prisioneros y desertores. Dejó en nuestras manos seiscientas armas, entre las que contaban un tanque, doce morteros, doce ametralladoras de trípode, veintitantos fusiles ametralladoras y un sinnúmero de armas automáticas; además, enorme cantidad de parque y equipo de toda clase, y cuatrocientos cincuenta prisioneros, que fueron entregados a la Cruz Roja al finalizar la campaña.

El ejército batistiano salió con su espina dorsal rota, de esta postrera ofensiva sobre la Sierra Maestra, pero aún no estaba vencido. La lucha debía continuar. Se estableció entonces la estrategia final, atacando por tres puntos: Santiago de Cuba, sometido a un cerco elástico; Las Villas, a donde debía marchar yo; y Pinar del Río, en el otro extremo de la Isla, a donde debía marchar Camilo Cienfuegos, ahora comandante de la columna 2, llamada Antonio Maceo, para rememorar la histórica invasión del gran caudillo del 95, que cruzara en épicas jornadas todo el territorio de Cuba, hasta culminar en Mantua. Camilo Cienfuegos no pudo cumplir la segunda parte de su programa, pues los imperativos de la guerra le obligaron a permanecer en Las Villas.

Liquidados los regimientos que asaltaron la Sierra Maestra; vuelto el frente a su nivel natural y aumentadas nuestras tropas en efectivo y en moral, se decidió iniciar la marcha sobre Las Villas, provincia céntrica. En la orden militar dictada se me indicaba como principal labor estratégica, la de cortar sistemáticamente las comunicaciones entre ambos extremos de la Isla; se me ordenaba, además, establecer relaciones con todos los grupos políticos que hubiera en los macizos montañosos de esa región, y amplias facultades para gobernar militarmente la zona a mi cargo. Con esas instrucciones y pensando llegar en cuatro días, íbamos a iniciar la marcha, en camiones, el 30 de agosto de 1958, cuando un accidente fortuito interrumpió nuestros planes: esa noche llegaba una camioneta portando uniformes y la gasolina necesaria para los vehículos que ya estaban preparados cuando también llegó por vía aérea un cargamento de armas a un aeropuerto cercano al camino. El avión fue localizado en el momento de aterrizar, a pesar de ser de noche, y el aeropuerto fue sistemáticamente bombardeado desde las veinte hasta las cinco de la mañana, hora en que quemamos el avión para evitar que cayera en poder del enemigo o siguiera el bombardeo diurno, con peores resultados. Las tropas enemigas avanzaron sobre el aeropuerto; interceptaron la camioneta con la gasolina, dejándonos a pie. Así fue como iniciamos la marcha el 31 de agosto, sin camiones ni caballos, esperando encontrarlos luego de cruzar la carretera de Manzanillo a Bayamo. Efectivamente, cruzándola encontramos los camiones, pero también —el día primero de septiembre— un feroz ciclón que inutilizó todas las vías de comunicación, salvo la carretera central, única pavimentada en esta región de Cuba, obligándonos a desechar el transporte en vehículos. Había que utilizar, desde ese momento, el caballo, o ir a pie. Andábamos cargados con bastante parque, una bazooka con cuarenta proyectiles y todo lo necesario para una larga jornada y el establecimiento rápido de un campamento.

Se fueron sucediendo días que ya se tornaban difíciles a

pesar de estar en el territorio amigo de Oriente: cruzando ríos desbordados, canales y arroyuelos convertidos en ríos, luchando fatigosamente para impedir que se nos mojara el parque, las armas, los obuses; buscando caballos y dejando los caballos cansados detrás; huyendo a las zonas pobladas a medida que nos alejábamos de la provincia oriental.

Caminábamos por difíciles terrenos anegados, sufriendo el ataque de plagas de mosquitos que hacían insoportables las horas de descanso; comiendo poco y mal, bebiendo agua de ríos pantanosos o simplemente de pantanos. Nuestras jornadas empezaron a dilatarse y a hacerse verdaderamente horribles. Ya a la semana de haber salido del campamento, cruzando el río Jobabo, que limita las provincias de Camagüey y Oriente, las fuerzas estaban bastante debilitadas. Este río, como todos los anteriores y como los que pasaríamos después, estaba crecido. También se hacía sentir la falta de calzado en nuestra tropa, muchos de cuyos hombres iban descalzos y a pie por los fangales del sur de Camagüey.

La noche del 9 de septiembre, entrando en el lugar conocido por La Federal, nuestra vanguardia cayó en una emboscada enemiga, muriendo dos valiosos compañeros; pero el resultado más lamentable fue el ser localizados por las fuerzas enemigas, que de allí en adelante no nos dieron tregua. Tras un corto combate se redujo a la pequeña guarnición que allí había, llevándonos cuatro prisioneros. Ahora debíamos marchar con mucho cuidado, debido a que la aviación conocía nuestra ruta aproximada. Así llegamos, uno o dos días después, a un lugar conocido por Laguna Grande, junto a la fuerza de Camilo, mucho mejor montada que la nuestra. Esta zona es digna de recuerdo por la cantidad extraordinaria de mosquitos que había, imposibilitándonos en absoluto descansar sin mosquitero, y no todos lo teníamos.

Son días de fatigantes marchas por extensiones desoladas, en las que sólo hay agua y fango, tenemos hambre, tenemos sed y apenas si se puede avanzar porque las piernas pesan como plomo y las armas pesan descomunalmente. Seguimos avanzando con mejores caballos que Camilo nos deja al tomar camiones, pero tenemos que abandonarlos en las inmediaciones del central Macareño. Los prácticos que debían enviarnos no llegaron y nos lanzamos sin más, a la aventura. Nuestra vanguardia choca con una posta enemiga en el lugar llamado Cuatro Compañeros, y empieza la agotadora batalla. Era al amanecer, y logramos reunir, con mucho trabajo, una gran parte de la tropa, en el mayor cayo de monte que había en la zona, pero el ejército avanzaba por los lados y tuvimos que pelear duramente para hacer factible el paso de algunos rezagados nuestros por una línea férrea, rumbo al monte. La aviación nos localizó entonces, iniciando un bombardeo los B-26, los C-47, los grandes C-3 de observación y las avionetas, sobre un área no mayor de doscientos metros de flanco. Después de todo, nos retiramos dejando un muerto por una bomba y llevando varios heridos, entre ellos al capitán Silva, que hizo todo el resto de la invasión con un hombro fracturado.

El panorama, al día siguiente, era menos desolador, pues aparecieron varios de los rezagados y logramos reunir a toda la tropa, menos 10 hombres que seguirían a incorporarse con la columna de Camilo y con éste llegarían hasta el frente norte de la provincia de Las Villas, en Yaguajay.

Nunca nos faltó, a pesar de las dificultades, el aliento campesino. Siempre encontrábamos alguno que nos sirviera de guía, de práctico, o que nos diera el alimento imprescindible para seguir. No era, naturalmente, el apoyo unánime de todo el pueblo que teníamos en Oriente; pero, siempre hubo quien nos ayudara. En oportunidades se nos delató, apenas cruzábamos una finca, pero eso no se debía a una acción directa del campesinado contra nosotros, sino a que las condiciones de vida de esta gente las convierte en esclavos del dueño de la finca y, temerosos de perder su sustento diario, comunicaban al amo nuestro paso por esa región y éste se encargaba de avisarle graciosamente a las autoridades militares.

Una tarde escuchábamos por nuestra radio de campaña un parte dado por el general Francisco Tabernilla Dolz, por esa época, con toda su prepotencia de matón, anunciando la destrucción de las hordas dirigidas por Che Guevara y dando una serie de datos de muertos, de heridos, de nombres de todas clases, que eran el producto del botín recogido en nuestras mochilas al sostener ese encuentro desastroso con el enemigo unos días antes, todo eso mezclado con datos falsos de la cosecha del Estado Mayor del ejército. La noticia de nuestra falsa muerte provocó en la tropa una reacción de alegría; sin embargo, el pesimismo iba ganándola poco a poco; el hambre y la sed, el cansancio, y la sensación de impotencia frente a las fuerzas enemigas que cada vez nos cercaban más y, sobre todo, la terrible enfermedad de los pies conocida por los campesinos con el nombre de mazamorra —que convertía en un martirio intolerable cada paso dado por nuestros soldados— habían hecho de éste un ejército de sombras. Era difícil adelantar; muy difícil. Día a día empeoraban las condiciones físicas de nuestra tropa y las comidas, un día sí, otro no, otro tal vez, en nada contribuían a mejorar ese nivel de miseria, que estábamos soportando. Pasamos los días más duros cercados en las inmediaciones del central Baraguá, en pantanos pestilentes, sin una gota de agua potable, atacados continuamente por la aviación, sin un solo caballo que pudiera llevar por ciénagas inhóspitas a los mas débiles, con los zapatos totalmente destrozados por el agua fangosa de mar, con plantas que lastimaban los pies descalzos, nuestra situación era realmente desastrosa al salir trabajosamente del cerco de Baraguá y llegar a la famosa trocha de Júcaro a Morón, lugar de evocación histórica por haber sido escenario de cruentas luchas entre patriotas y españoles en la guerra de independencia. No teníamos tiempo de recuperarnos ni siquiera un poco cuando un nuevo aguacero, inclemencias del clima, además de los ataques del enemigo o las noticias de su presencia, volvían a imponernos la marcha. La tropa estaba cada vez más cansada y descorazonada. Sin embargo, cuando la situación era más tensa, cuando ya solamente al imperio del insulto, de ruegos, de exabruptos de todo tipo, podía hacer caminar a la gente exhausta, una sola visión en lontananza animó sus rostros e infundió nuevo espíritu a la guerrilla. Esa visión fue una mancha azul hacia el Occidente, la mancha azul del macizo montañoso de Las Villas, visto por vez primera por nuestros hombres.

Desde ese momento las mismas privaciones, o parecidas, fueron encontradas mucho más clementes, y todo se antojaba más fácil. Eludimos el último cerco, cruzando a nado el río Júcaro, que divide las provincias de Camagüey y Las Villas, y ya pareció que algo nuevo nos alumbraba.

Dos días después estábamos en el corazón de la cordillera Trinidad-Sancti Spíritus, a salvo, listos para iniciar la otra etapa de la guerra. El descanso fue de otros dos días, porque inmediatamente debimos proseguir nuestro camino y ponernos en disposición de impedir las elecciones que iban a efectuarse el 3 de noviembre. Habíamos llegado a la región de montañas de Las Villas el 16 de octubre. El tiempo era corto y la tarea enorme. Camilo cumplía su parte en el norte, sembrando el temor entre los hombres de la dictadura.

Nuestra tarea, al llegar por primera vez a la Sierra del Escambray, estaba precisamente definida: había que hostilizar al aparato militar de la dictadura, sobre todo en cuanto a sus comunicaciones. Y como objetivo inmediato, impedir la realización de las elecciones. Pero el trabajo se dificultaba por el escaso tiempo restante y por las desuniones entre los factores revolucionarios, que se habían traducido en reyertas intestinas que muy caro costaron, inclusive en vidas humanas.

Debíamos atacar a las poblaciones vecinas, para impedir la realización de los comicios, y se establecieron los planes para hacerlo simultáneamente en las ciudades de Cabaiguán, Fomento y Sancti Spíritus, en los ricos llanos del centro de la isla, mientras se sometía el pequeño cuartel de Güinía de Miranda —en las montañas— y, posteriormente, se atacaba el de Banao, con escasos resultados. Los días anteriores al 3 de noviembre, fecha de las elecciones, fueron de extraordinaria actividad: nuestras columnas se movilizaron en todas direcciones, impidiendo casi totalmente la afluencia a las urnas de los votantes de esas zonas. Las tropas de Camilo Cienfuegos, en la parte norte de la provincia, paralizaron la farsa electoral. En general, desde el transporte de los soldados de Batista hasta el tráfico de mercancía, quedaron detenidos.

En Oriente, prácticamente no hubo votación; en Camagüey, el porcentaje fue un poquito más elevado, y en la zona occidental, a pesar de todo, se notaba un retraimiento popular evidente. Este retraimiento se logró en Las Villas en forma espontánea, ya que no hubo tiempo de organizar sincronizadamente la resistencia pasiva de las masas y la actividad de las guerrillas.

Se sucedían en Oriente sucesivas batallas en los frentes primeros y segundo, aunque también en el tercero —con la columna Antonio Guiteras— que presionaba insistente sobre

Santiago de Cuba, la capital provincial. Salvo las cabeceras de los municipios, nada conservaba el gobierno en Oriente.

Muy grave se estaba haciendo, además, la situación en Las Villas, por la acentuación de los ataques a las vías de comunicación. Al llegar, cambiamos en total el sistema de lucha en las ciudades, puesto que a toda marcha trasladamos los mejores milicianos de las ciudades al campo de entrenamiento, para recibir instrucción de sabotaje que resultó efectivo en las áreas suburbanas.

Durante los meses de noviembre y diciembre de 1958 fuimos cerrando gradualmente las carreteras. El capitán Silva bloqueó totalmente la carretera de Trinidad a Sancti Spíritus y la carretera central de la Isla fue seriamente dañada cuando se interrumpió el puente sobre el río Tuinicú, sin llegarse a derrumbar; el ferrocarril central fue cortado en varios puntos, agregando que el circuito sur estaba interrumpido por el segundo frente y el circuito norte cerrado por las tropas de Camilo Cienfuegos, por lo que la Isla quedó dividida en dos partes. La zona más convulsionada, Oriente, solamente recibía ayuda del gobierno por aire y mar, en una forma cada vez más precaria. Los síntomas de descomposición del enemigo aumentaban.

Hubo que hacer en el Escambray una intensísima labor en favor de la unidad revolucionaria, ya que existía un grupo dirigido por el comandante Gutiérrez Menoyo (Segundo Frente Nacional del Escambray), otro del directorio Revolucionario (capitaneado por los comandantes Faure Chomón y Rolando Cubela), otro pequeño de la Organización Auténtica (OA), otro del Partido Socialista Popular (comandado por Torres), y nosotros; es decir, cinco organizaciones diferentes actuando con mandos también diferentes y en una misma provincia. Tras laboriosas conversaciones que hube de tener con sus respectivos jefes, se llegó a una serie de acuerdos entre las partes y se pudo ir a la integración de un frente aproximadamente común.

A partir del 16 de diciembre las roturas sistemáticas de los puentes y todo tipo de comunicación habían colocado a la dictadura en situación difícil para defender sus puestos avanzados y aun los mismos de la carretera central. En la madrugada de ese día fue roto el puente sobre el río Falcón, en la carretera central, y prácticamente interrumpidas las comunicaciones entre La Habana y las ciudades al este de Santa Clara, capital de Las Villas, así como una serie de poblados —el más meridional, Fomento— eran sitiados y atacados por nuestras fuerzas. El jefe de la plaza se defendió más o menos eficazmente durante algunos días, pero a pesar del castigo de la aviación a nuestro Ejército Rebelde, las desmoralizadas tropas de la dictadura no avanzaban por tierra en apoyo de sus compañeros. Comprobando la inutilidad de toda resistencia, se rindieron, y más de cien fusiles fueron incorporados a las fuerzas de la libertad.

Sin darle tregua al enemigo, decidimos paralizar de inmediato la carretera central, y el día 21 de diciembre se atacó simultáneamente a Cabaiguán y Guayos, sobre la misma. En pocas horas se rendía este último poblado y dos días después, Cabaiguán con sus noventa soldados. (La rendición de los cuarteles se pactaba sobre la base política de dejar en libertad a la guarnición, condicionado a que saliera del territorio libre. De esa manera se daba la oportunidad de entregar las armas y salvarse.) En Cabaiguán se demostró de nuevo la ineficacia de la dictadura que en ningún momento reforzó con infantería a los sitiados.

Camilo Cienfuegos atacaba en la zona norte de Las Villas a una serie de poblados, a los que iba reduciendo, a la vez que establecía el cerco a Yaguajay, último reducto donde quedaban tropas de la tiranía, al mando de un capitán de ascendencia china, que resistió once días, impidiendo la movilización de las tropas revolucionarias de la región, mientras las nuestras seguían ya por la carretera central avanzando hacia Santa Clara, la capital.

Caído Cabaiguán, nos dedicamos a atacar a Placetas, rendido en un solo día de lucha, en colaboración activa con la gente del Directorio Revolucionario. Después de tomar Placetas, liberamos en rápida sucesión a Remedios y a Caibarién, en la costa norte, y puerto importante el segundo. El panorama se iba ensombreciendo para la dictadura, porque a las continuas victorias obtenidas en Oriente, el Segundo Frente del Escambray derrotaba pequeñas guarniciones y Camilo Cienfuegos controlaba el norte.

Al retirarse el enemigo de Camajuaní sin ofrecer resistencia, quedamos listos para el asalto definitivo a la capital de la provincia de Las Villas. (Santa Clara es el eje del llano central de la isla, con 150 000 habitantes, centro ferroviario y de todas las comunicaciones del país.) Está rodeada por pequeños cerros pelados, los que estaban tomados previamente por las tropas de la dictadura.

En el momento del ataque, nuestras fuerzas habían aumentado considerablemente su fusilería, en la toma de distintos puntos y en algunas armas pesadas que carecían de municiones. Teníamos una bazooka sin proyectiles y debíamos luchar contra una decena de tanques, pero también sabíamos que, para hacerlo con efectividad, necesitábamos llegar a los barrios poblados de la ciudad, donde el tanque disminuye en mucho su eficacia.

Mientras las tropas del Directorio Revolucionario se encargaban de tomar el cuartel numero 31 de la Guardia Rural, nosotros nos dedicábamos a sitiar casi todos los puestos fuertes de Santa Clara; aunque, fundamentalmente, establecíamos nuestra lucha contra los defensores del tren blindado situado a la entrada del camino de Camajuaní, posiciones defendidas con tenacidad por el ejército, con un equipo excelente para nuestras posibilidades.

El 29 de diciembre iniciamos la lucha. La Universidad había servido, en un primer momento, de base de operaciones. Después establecimos comandancia más cerca del centro de la ciudad. Nuestros hombres se batían contra tropas apoyadas por unidades blindadas y las ponían en fuga, pero muchos de ellos pagaron con la vida su arrojo y los muertos y heridos empezaron a llenar los improvisados cementerios y hospitales.

Recuerdo un episodio que era demostrativo del espíritu de nuestra fuerza en esos días finales. Yo había amonestado a un soldado, por estar durmiendo en pleno combate y me contestó que lo habían desarmado por habérsele escapado un tiro. Le respondí con mi sequedad habitual: «Gánate otro fusil yendo desarmado a la primera línea... si eres capaz de hacerlo.» En Santa Clara, alentando a los heridos en el Hospital de Sangre, un moribundo me tocó la mano y dijo: «¿Recuerda, comandante? Me mandó a buscar el arma en Remedios... y me la gané aquí.» Era el combatiente del tiro escapado, quien minutos después moría, y me lució contento de haber demostrado su valor. Así es nuestro Ejército Rebelde.

Las lomas del Cápiro seguían firmes y allí estuvimos luchando durante todo el día 30, tomando gradualmente al mismo tiempo distintos puntos de la ciudad. Ya en ese momento se habían cortado las comunicaciones entre el centro de Santa Clara y el tren blindado. Sus ocupantes, viéndose rodeados en las lomas del Cápiro trataron de fugarse por la vía férrea y con todo su magnífico cargamento cayeron en el ramal destruido previamente por nosotros, descarrilándose la locomotora y algunos vagones. Se estableció entonces una lucha muy interesante en donde los hombres eran sacados con cócteles Molotov del tren blindado, magníficamente protegidos aunque dispuestos sólo a luchar a distancia, desde cómodas posiciones y contra un enemigo prácticamente inerme, al estilo de los colonizadores con los indios del Oeste norteamericano. Acosados por hombres que, desde puntos cercanos y vagones inmediatos lanzaban botellas de gasolina encendida, el tren se convertía —gracias a las chapas del blindaje— en un verdadero horno para los soldados. En pocas horas se rendía la dotación completa, con sus 22 vagones, sus cañones antiaéreos, sus ametralladoras del mismo tipo, sus fabulosas cantidades de municiones (fabulosas para lo exiguo de nuestras dotaciones, claro está).

Se había logrado tomar la central eléctrica y toda la parte noroeste de la ciudad, dando al aire el anuncio de que Santa Clara estaba casi en poder de la Revolución. En aquel anuncio que di como Comandante en Jefe de las Fuerzas Armadas de Las Villas, recuerdo que tenía el dolor de comunicar al pueblo de Cuba la muerte del capitán Roberto Rodríguez El Vaquerito, pequeño de estatura y de edad, jefe del «Pelotón Suicida», quien jugó con la muerte una y mil veces en lucha por la libertad. El «Pelotón Suicida» era un ejemplo de moral revolucionaria, y a ese solamente iban voluntarios escogidos. Sin embargo, cada vez que un hombre moría —y eso ocurría en cada combate— al hacerse la designación del nuevo aspirante, los desechados realizaban escenas de dolor que llegaban hasta el llanto. Era curioso ver a los curtidos y nobles guerreros, mostrando su juventud en el despecho de unas lágrimas, por no tener el honor de estar en el primer lugar de combate y de muerte.

Después caía la estación de Policía, entregando los tanques que la defendían y, en rápida sucesión se rendían al comandante Cubela el cuartel numero 31, a nuestras fuerzas, la cárcel, la audiencia, el palacio del Gobierno Provincial, el Gran Hotel, donde los francotiradores se mantuvieron disparando desde el décimo piso casi hasta el final de la lucha.

En ese momento sólo quedaba por rendirse el cuartel Leoncio Vidal, la mayor fortaleza del centro de la Isla. Pero ya el día primero de enero de 1959 había síntomas de debilidad creciente entre las fuerzas defensoras. En la mañana de ese día mandamos a los capitanes Núñez Jiménez y Rodríguez de la Vega a pactar la rendición del cuartel. Las noticias eran contradictorias: Batista había huido ese día, desmoronándose la Jefatura de las Fuerzas Armadas. Nuestros dos delegados establecían contacto por radio con Cantillo, haciéndole conocer la oferta de rendición, pero éste estimaba que no era posible aceptarla porque constituía un ultimátum y que él había ocupado la Jefatura del Ejército siguiendo instrucciones precisas del líder Fidel Castro. Hicimos inmediato contacto con Fidel, anunciándole las nuevas, pero dándole la opinión nuestra sobre la actitud traidora de Cantillo, opinión que coincidía absolutamente con la suya. (Cantillo permitió en esos momentos decisivos que se fugaran todos los grandes responsables del gobierno de Batista, y su actitud era más triste si se considera que fue un oficial que hizo contacto con nosotros y en quien confiamos como un militar con pundonor.)

Los resultados siguientes son por todos conocidos: la negativa de Castro a reconocerle; su orden de marchar sobre la ciudad de La Habana; la posesión por el coronel Barquín de la Jefatura del Ejército, luego de salir de la prisión de Isla de Pinos; la toma de la Ciudad Militar de Columbia por Camilo Cienfuegos y de la

Fortaleza de la Cabaña por nuestra columna 8, y la instauración final, en cortos días, de Fidel Castro como Primer Ministro del Gobierno Provisional. Todo esto pertenece a la historia política actual del país.

Ahora estamos colocados en una posición en la que somos mucho más de simples factores de una nación; constituimos en este momento la esperanza de la América irredenta. Todos los ojos —los de los grandes opresores y los de los esperanzados— están fijos en nosotros. De nuestra actitud futura que presentemos, de nuestra capacidad para resolver los múltiples problemas, depende en gran medida el desarrollo de los movimientos populares en América, y cada paso que damos está vigilado por los ojos omnipresentes del gran acreedor y por los ojos optimistas de nuestros hermanos de América.

Con los pies firmemente asentados en la tierra, empezamos a trabajar y a producir nuestras primeras obras revolucionarias, enfrentándonos con las primeras dificultades. Pero ¿cuál es el problema fundamental de Cuba, sino el mismo de toda América, el mismo incluso del enorme Brasil, con sus millones de kilómetros cuadrados, con su país de maravilla que es todo un Continente? La monoproducción. En Cuba somos esclavos de la caña de azúcar, cordón umbilical que nos ata al gran mercado norteño. Tenemos que diversificar nuestra producción agrícola, estimular la industria y garantizar que nuestros productos agrícolas y mineros y —en un futuro inmediato— nuestra producción industrial, vaya a los mercados que nos convengan por intermedio de nuestra propia línea de transporte.

La primera gran batalla del gobierno se dará con la Reforma Agraria, que será audaz, integral, pero flexible: destruirá el latifundio en Cuba, aunque no los medios de producción cubanos. Será una batalla que absorba en buena parte la fuerza del pueblo y del gobierno durante los años venideros. La tierra se dará al campesino gratuitamente. Y se pagará a quien demuestre haberla poseído honradamente, con bonos de rescate a largo plazo; pero también se dará ayuda técnica al campesino, se garantizarán los mercados para los productos del suelo y se canalizará la producción con un amplio sentido nacional de aprovechamiento en conjunción con la gran batalla de la Reforma Agraria, que permita a las incipientes industrias cubanas, en breve tiempo, competir con las monstruosas de los países en donde el capitalismo ha alcanzado su más alto grado de desarrollo. Simultáneamente con la creación del nuevo mercado interno que logrará la Reforma Agraria, y la distribución de productos nuevos que satisfagan a un mercado naciente, surgirá la necesidad de exportar algunos productos y hará falta el instrumento adecuado para llevarlos a uno y a otro punto del mundo. Dicho instrumento será una flota mercante, que la Ley de Fomento Marítimo ya aprobada, prevé. Con esas armas elementales, los cubanos iniciaremos la lucha por la liberación total del territorio. Todos sabemos que no será fácil, pero todos estamos conscientes de la enorme responsabilidad histórica del Movimiento 26 de Julio, de la Revolución cubana, de la Nación en general, para constituir un ejemplo para todos los pueblos de América, a los que no debemos defraudar.

Pueden tener seguridad nuestros amigos del Continente insumiso que, si es necesario, lucharemos hasta la última consecuencia económica de nuestros actos y si se lleva más lejos aún la pelea, lucharemos hasta la última gota de nuestra sangre rebelde, para hacer de esta tierra una república soberana, con los verdaderos atributos de una nación feliz, democrática y fraternal de sus hermanos de América.

Tomado de: *Pasajes de la guerra revolucionaria* por Ernesto Che Guevara

EL GUERRILLERO, REFORMADOR SOCIAL

Ya habíamos identificado al guerrillero como un hombre que hace suya el ansia de liberación del pueblo y, agotados los medios pacíficos de lograrla, inicia la lucha, se convierte en la vanguardia armada de la población combatiente. Al comenzar la lucha, lo hace ya con la intención de destruir un orden injusto y, por lo tanto, más o menos veladamente con la intención de colocar algo nuevo en lugar de lo viejo.

Habíamos dicho también que en las condiciones actuales de América, por lo menos, y de casi todos los países poco desarrollados económicamente, los lugares que ofrecían condiciones ideales para la lucha eran campestres y por lo tanto la base de las reivindicaciones sociales que levantará el guerrillero será el cambio de la estructura de la propiedad agraria.

La bandera de lucha durante todo este tiempo será la reforma agraria. Al principio, esta bandera podrá estar o no completamente establecida en sus aspiraciones y en sus límites, o simplemente se referirá al hambre secular del campesino por la tierra donde trabaja o la que quiere trabajar.

Las condiciones en que se vaya a realizar una reforma agraria dependen de las condiciones que existan antes de iniciar la lucha y de la profundidad social de la misma. Pero el guerrillero, como elemento consciente de la vanguardia popular, debe tener una conducta moral que lo acredite como verdadero sacerdote de la reforma que pretende. A la austeridad obligada por difíciles condiciones de la guerra debe sumar la austeridad nacida de un rígido autocontrol que impida un solo exceso, un solo desliz, en ocasión en que las circunstancias pudieran permitirlo. El soldado guerrillero debe ser un asceta.[26]

Y en cuanto a las relaciones sociales, variarán de acuerdo con el desarrollo de la guerra. En el primer momento, recién iniciados casi, no podrá ni siquiera intentarse cambio alguno en la composición social del lugar.

Las mercancías que no puedan comprarse serán pagadas con bonos y rescatados los mismos en la primera oportunidad.

Al campesino siempre hay que ayudarlo técnica, económica, moral y culturalmente. El guerrillero será una especie de ángel tutelar caído sobre la zona para ayudar siempre al pobre y para molestar lo menos posible al rico, en los primeros momentos del desarrollo de la guerra. Pero ésta seguirá su curso; las contradicciones seguirán agudizándose, llegará un momento en que muchos de los que miraban con cierta simpatía a la revolución se pondrán en una posición diametralmente opuesta; darán el primer paso en la batalla contra las fuerzas populares. En este momento el guerrillero debe actuar y convertirse en el abanderado de la causa del pueblo, castigando con justicia cualquier traición. La propiedad privada deberá adquirir en las zonas de guerra su función social. Vale decir, la tierra sobrante, el ganado no necesario para la manutención de una familia adinerada, deberá pasar a manos del pueblo y ser distribuido equitativa y justicieramente.

Debe siempre respetarse el derecho del poseedor a recibir un pago por las pertenencias utilizadas para el bien social, pero ese pago se hará en bonos («bonos de esperanza», les llamaba nuestro maestro el general Bayo, refiriéndose al vínculo que queda establecido entre deudor y acreedor).

La tierra y pertenencias o industrias de enemigos connotados y directos de la revolución deben pasar inmediatamente a manos de las fuerzas revolucionarias. Y aprovechando el calor de la guerra, estos momentos en que la fraternidad humana adquiere sus valores más altos, debe impulsarse todo tipo de trabajo cooperativo que la mentalidad de los habitantes del lugar permita.

El guerrillero, como reformador social, no sólo debe constituir un ejemplo en cuanto a su vida, sino que también debe orientar constantemente en los problemas ideológicos, con lo que sabe o con lo que pretende hacer en determinado momento y, además, con lo que va aprendiendo en el transcurso de los meses o años de guerra que actúan favorablemente sobre la concepción del revolucionario, radicalizándolo a medida que las armas han demostrado su potencia y a medida que la situación de los habitantes del lugar se ha hecho carne en su espíritu, parte de su vida, y comprende la justicia y la necesidad vital de una serie de cambios cuya importancia teórica le llegaba antes, pero cuya urgencia práctica estaba escondida, la mayor parte de las veces.

Y esto sucede muy a menudo porque los iniciadores de la guerra de guerrillas o, por mejor decir, los directores de la guerra de guerrillas, no son hombres que tengan la espalda curvada día a día sobre el surco; son hombres que comprenden la necesidad de los cambios en cuanto al trato social de los campesinos pero no han sufrido, en su mayoría, las amarguras de este trato. Y sucede entonces —y aquí estoy ampliando la experiencia cubana y partiendo de ella— que se produce una verdadera interacción entre estos directores que enseñan al pueblo con los hechos la importancia fundamental de la lucha armada y el pueblo mismo que se alza en lucha y enseña a los dirigentes esas necesidades prácticas de que hablamos. Así, del producto de esta interacción del guerrillero con su pueblo, surge la radicalización progresiva que va acentuando las características revolucionarias del movimiento y le van dando una amplitud nacional.

Tomado de: *Guerra de guerrillas* por Ernesto Che Guevara

NUEVA YORK

EN LAS NACIONES UNIDAS
11 DE DICIEMBRE, 1964

Señor Presidente; señores delegados:

La representación de Cuba ante esta Asamblea se complace en cumplir, en primer término, el agradable deber de saludar la incorporación de tres nuevas naciones al importante número de las que aquí discuten problemas del mundo. Saludamos, pues, en las personas de su presidente y primeros ministros, a los pueblos de Zambia, Malawi y Malta y hacemos votos porque estos países se incorporen desde el primer momento al grupo de naciones No Alineadas que luchan contra el imperialismo, el colonialismo y el neocolonialismo.

Hacemos llegar también nuestra felicitación al Presidente de esta Asamblea, [Alex Quaison-Sackey, de Ghana] cuya exaltación a tan alto cargo tiene singular significación pues ella refleja esta nueva etapa histórica de resonantes triunfos para los pueblos de África hasta ayer sometidos al sistema colonial del imperialismo y que hoy, en su inmensa mayoría, en el ejercicio legítimo de su libre determinación, se han constituido en estados soberanos. Ya ha sonado la hora postrera del colonialismo y millones de habitantes de África, Asia y América Latina se levantan al encuentro de una nueva vida e imponen su irrestricto derecho a la autodeterminación y el desarrollo independiente de sus naciones. Le deseamos, señor Presidente, el mayor de los éxitos en la tarea que le fuera encomendada por los países miembros.

Cuba viene a fijar su posición sobre los puntos más importantes de controversia y lo hará con todo el sentido de la responsabilidad que entraña el hacer uso de esta tribuna; pero al mismo tiempo, respondiendo al deber insoslayable de hablar con toda claridad y franqueza.

Quisiéramos ver desperezarse a esta Asamblea y marchar hacia adelante, que las comisiones comenzaran su trabajo y que éste no se detuviera en la primera confrontación. El imperialismo quiere convertir esta reunión en un vano torneo oratorio en vez de resolver los graves problemas del mundo; debemos impedírselo. Esta Asamblea no debiera recordarse en el futuro solo por el número XIX que la identifica. A lograr ese fin van encaminados nuestros esfuerzos.

Nos sentimos con el derecho y la obligación de hacerlo debido a que nuestro país es uno de los puntos constantes de fricción, uno de los lugares donde los principios que sustentan los derechos de los países pequeños a su soberanía están sometidos a prueba día a día y minuto a minuto y al mismo tiempo, una de las trincheras de la libertad del mundo situada a pocos pasos del imperialismo norteamericano para mostrar con su acción, con su ejemplo diario, que los pueblos sí pueden liberarse y sí pueden mantenerse libres en las actuales condiciones de la humanidad. Desde luego, ahora existe un campo socialista cada día más fuerte y con armas de contención más poderosas. Pero se requieren condiciones adicionales para la supervivencia: mantener la cohesión interna, tener fe en los propios destinos y decisión irrenunciable de luchar hasta la muerte en defensa del país y de la revolución. En Cuba se dan esas condiciones, señores delegados.

De todos los problemas candentes que deben tratarse en esta Asamblea uno de los que para nosotros tiene particular significación y cuya definición creemos debe hacerse en forma que no deje dudas a nadie, es el de la coexistencia pacífica entre estados de diferentes regímenes económico- sociales. Mucho se ha avanzado en el mundo en este campo; pero el imperialismo —norteamericano sobre todo— ha pretendido hacer creer que la coexistencia pacífica es de uso exclusivo de las grandes potencias de la tierra. Nosotros expresamos aquí lo mismo que nuestro Presidente expresara en El Cairo y lo que después quedara plasmado en la declaración de la Segunda Conferencia de Jefes de Estado o de Gobierno de Países No Alineados: que no puede haber coexistencia pacífica entre poderosos solamente, si se pretende asegurar la paz del mundo. La coexistencia pacífica debe ejercitarse entre todos los estados, independientemente de su tamaño, de las anteriores relaciones históricas que los ligara y de los problemas que se suscitaren entre algunos de ellos, en un momento dado.

Actualmente, el tipo de coexistencia pacífica a que nosotros aspiramos no se cumple en multitud de casos. El reino de Cambodia, simplemente por mantener una actitud neutral y no plegarse a las maquinaciones del imperialismo norteamericano, se ha visto sujeto a toda clase de ataques alevosos y brutales, partiendo de las bases que los yanquis tienen en Vietnam del Sur. Laos, país dividido, ha sido objeto también de agresiones imperialistas de todo tipo, su pueblo masacrado desde el aire, las convenciones que se firmaran en Ginebra han sido violadas y parte del territorio está en constante peligro de ser atacado a mansalva por las fuerzas imperialistas. La República Democrática de Vietnam, que sabe de todas estas historias de agresiones como pocos pueblos de la tierra, ha visto una vez más violadas sus fronteras, ha visto cómo aviones de bombardeo y cazas enemigos disparaban contra sus instalaciones; cómo los barcos de guerra norteamericanos, violando aguas territoriales, atacaban sus puestos navales. En

estos instantes, sobre la República Democrática de Vietnam pesa
la amenaza de que los guerreristas norteamericanos extiendan
abiertamente sobre su territorio y su pueblo la guerra que, desde
hace varios años, están llevando a cabo contra el pueblo de
Vietnam del Sur. La Unión Soviética y la República Popular China
han hecho advertencias serias a los Estados Unidos. Estamos
frente a un caso en el cual la paz del mundo está en peligro; pero,
además, la vida de millones de seres de toda esta zona del Asia
está constantemente amenazada, dependiendo de los caprichos
del invasor norteamericano.

La coexistencia pacífica también se ha puesto a prueba en una
forma brutal en Chipre debido a presiones del Gobierno turco y
de la OTAN, obligando a una heroica y enérgica defensa de su
soberanía hecha por el pueblo de Chipre y su Gobierno.

En todos estos lugares del mundo, el imperialismo trata de
imponer su versión de lo que debe ser la coexistencia; son los
pueblos oprimidos, en alianza con el campo socialista, los que le
deben enseñar cuál es la verdadera, y es obligación de las Naciones
Unidas apoyarlos.

También hay que esclarecer que no solamente en relaciones en
las cuales están imputados estados soberanos, los conceptos sobre
la coexistencia pacífica deben ser bien definidos. Como marxistas,
hemos mantenido que la coexistencia pacífica entre naciones no
engloba la coexistencia entre explotadores y explotados, entre
opresores y oprimidos. Es, además, un principio proclamado en
el seno de esta organización, el derecho a la plena independencia
contra todas las formas de opresión colonial. Por eso, expresamos
nuestra solidaridad hacia los pueblos, hoy coloniales, de la Guinea
llamada portuguesa, de Angola o Mozambique, masacrados por el
delito de demandar su libertad y estamos dispuestos a ayudarlos
en la medida de nuestras fuerzas, de acuerdo con la declaración de
El Cairo.

Expresamos nuestra solidaridad al pueblo de Puerto Rico y

su gran líder, Pedro Albizu Campos, el que, en un acto más de hipocresía, ha sido dejado en libertad, a la edad de 72 años, sin habla casi, paralítico, después de haber pasado en la cárcel toda una vida. Albizu Campos es un símbolo de la América Latina todavía irredenta, pero indómita. Años y años de prisiones, presiones casi insoportables en la cárcel, torturas mentales, la soledad, el aislamiento total de su pueblo y de su familia, la insolencia del conquistador y de sus lacayos en la tierra que le vio nacer; nada dobló su voluntad. La delegación de Cuba rinde, en nombre de su pueblo, homenaje de admiración y gratitud a un patriota que dignifica a nuestra América Latina.

Los norteamericanos han pretendido durante años convertir a Puerto Rico en un espejo de cultura híbrida; habla española con inflexiones en inglés, habla española con bisagras en el lomo para inclinarlo ante el soldado yanqui. Soldados portorriqueños han sido empleados como carne de cañón en guerras del imperio, como en Corea, y hasta para disparar contra sus propios hermanos, como en la masacre perpetrada por el ejército norteamericano, hace algunos meses, contra el pueblo inerme de Panamá — una de las más recientes fechorías del imperialismo yanqui.

Sin embargo, a pesar de esa tremenda violentación de su voluntad y su destino histórico, el pueblo de Puerto Rico ha conservado su cultura, su carácter latino, sus sentimientos nacionales, que muestran por sí mismos la implacable vocación de independencia yaciente en las masas de la isla latinoamericana.

También debemos advertir que el principio de la coexistencia pacífica no entraña el derecho a burlar la voluntad de los pueblos, como ocurre en el caso de la Guayana llamada británica, en que el Gobierno del Primer Ministro Cheddy Jagan ha sido víctima de toda clase de presiones y maniobras y se ha ido dilatando el instante de otorgarle la independencia en la búsqueda de métodos que permitan burlar los deseos populares y asegurar la docilidad de un gobierno distinto al actual colocado allí por turbios manejos, para entonces otorgar una libertad castrada a este pedazo de tierra americana.

Cualesquiera que sean los caminos que la Guayana se vea obligada a seguir para obtenerla, hacia su pueblo va el apoyo moral y militante de Cuba.

Debemos señalar, asimismo, que las islas de Guadalupe y Martinica están luchando por su autonomía desde hace tiempo, sin lograrla, y ese estado de cosas no debe seguir.

Una vez más elevamos nuestra voz para alertar al mundo sobre lo que esta ocurriendo en Sudáfrica; la brutal política del apartheid se aplica ante los ojos de las naciones del mundo. Los pueblos de África se ven obligados a soportar que en ese continente todavía se oficialice la superioridad de una raza sobre la otra, que se asesine impunemente en nombre de esa superioridad racial. ¿Las Naciones Unidas no harán nada para impedirlo?

Querría referirme específicamente al doloroso caso del Congo, único en la historia del mundo moderno, que muestra cómo se puede burlar con la más absoluta impunidad, con el cinismo más insolente, el derecho de los pueblos. Las ingentes riquezas que tiene el Congo y que las naciones imperialistas quieren mantener bajo su control son los motivos directos de todo esto. En la intervención que hubiera de hacer, a raíz de su primera visita a las Naciones Unidas, el compañero Fidel Castro advertía que todo el problema de la coexistencia entre las naciones se reducía al problema de la apropiación indebida de riquezas ajenas, y hacia la advocación siguiente: «cese la filosofía del despojo y cesará la filosofía de la guerra»; pero la filosofía del despojo no solo no ha cesado, sino que se mantiene más fuerte que nunca y, por eso, los mismos que utilizaron el nombre de las Naciones Unidas para perpetrar el asesinato de Lumumba, hoy, en nombre de la defensa de la raza blanca, asesinan a millares de congoleños.

¿Cómo es posible que olvidemos la forma en que fue traicionada la esperanza que Patricio Lumumba puso en las Naciones Unidas?

¿Cómo es posible que olvidemos los rejuegos y maniobras que sucedieron a la ocupación de ese país por las tropas de las Naciones Unidas, bajo cuyos auspicios actuaron impunemente los asesinos del gran patriota africano?

¿Cómo podremos olvidar, señores delegados, que quien desacató la autoridad de las Naciones Unidas en El Congo, y no precisamente por razones patrióticas, sino en virtud de pugnas entre imperialistas, fue Moisés Tshombe, que inició la secesión en Katanga con el apoyo belga?

¿Y cómo justificar, cómo explicar que, al final de toda la acción de las Naciones Unidas, Tshombe, desalojado de Katanga, regrese dueño y señor del Congo? ¿Quién podría negar el triste papel que los imperialistas obligaron a jugar a la Organización de Naciones Unidas?

En resumen: se hicieron aparatosas movilizaciones para evitar la escisión de Katanga y hoy Tshombe está en el poder, las riquezas del Congo en manos imperialistas... ¡Y los gastos deben pagarlos las naciones dignas! ¡Qué buen negocio hacen los mercaderes de la guerra! Por eso el Gobierno de Cuba apoya la justa actitud de la Unión Soviética, al negarse a pagar los gastos del crimen.

Para colmo de escarnio, nos arrojan ahora al rostro estas últimas acciones que han llenado de indignación al mundo.

¿Quiénes son los autores? Paracaidistas belgas, transportados por aviones norteamericanos, que partieron de bases inglesas. Nos acordamos que ayer, casi, veíamos a un pequeño país de Europa, trabajador y civilizado, el reino de Bélgica, invadido por las hordas hitlerianas; amargaba nuestra conciencia el saber de ese pequeño pueblo masacrado por el imperialismo germano y lo veíamos con cariño. Pero esta otra cara de la moneda imperialista era la que muchos no percibíamos.

Quizás hijos de patriotas belgas que murieron por defender la libertad de su país, son los que asesinaran a mansalva a millares de congoleños en nombre de la raza blanca, así como ellos sufrieron la bota germana porque su contenido de sangre aria no era suficientemente elevado.

Vengar el crimen del Congo.

Nuestros ojos libres se abren hoy a nuevos horizontes y son capaces de ver lo que ayer nuestra condición de esclavos coloniales nos impedía observar; que la «civilización occidental» esconde bajo su vistosa fachada un cuadro de hienas y chacales.

Porque nada más que ese nombre merecen los que han ido a cumplir tan «humanitarias» tareas al Congo. Animal carnicero que se ceba en los pueblos inermes; eso es lo que hace el imperialismo con el hombre, eso es lo que distingue al «blanco» imperial.

Todos los hombres libres del mundo deben aprestarse a vengar el crimen del Congo.

Quizás muchos de aquellos soldados, convertidos en sub-hombres por la maquinaria imperialista, piensen de buena fe que están defendiendo los derechos de una raza superior; pero en esta Asamblea son mayoritarios los pueblos que tienen sus pieles tostadas por distintos soles, coloreadas por distintos pigmentos, y han llegado a comprender plenamente que la diferencia entre los hombres no está dada por el color de la piel, sino por las formas de propiedad de los medios de producción, por las relaciones de producción.

[...]

Tocaremos solamente los temas sobre desarrollo económico y comercio internacional que tienen amplia representación en la agenda. En este mismo año del 64 se celebró la Conferencia de Ginebra donde se trataron multitud de puntos relacionados con estos aspectos de las relaciones internacionales. Las advertencias y predicciones de nuestra delegación se han visto confirmadas plenamente, para desgracia de los países económicamente dependientes.

Solo queremos dejar señalado que, en lo que a Cuba respecta, los Estados Unidos de América no han cumplido recomendaciones explícitas de esa Conferencia y, recientemente, el Gobierno norte-americano prohibió también la venta de medicinas a Cuba, quitán-dose definitivamente la máscara de humanitarismo con que pre-tendió ocultar el carácter agresivo que tiene el bloqueo contra el pueblo de Cuba.

Por otra parte, expresamos una vez más que las lacras colo-niales que detienen el desarrollo de los pueblos no se expresan solamente en relaciones de índole política: el llamado deterioro de los términos de intercambio no es otra cosa que el resultado del intercambio desigual entre países productores de materia prima y países industriales que dominan los mercados e imponen la aparente justicia de intercambio igual de valores.

Mientras los pueblos económicamente dependientes no se liberen de los mercados capitalistas y, en firme bloque con los países socialistas, impongan nuestras relaciones entre explotadores y explotados, no habrá desarrollo económico sólido, y se retro-cederá, en ciertas ocasiones volviendo a caer los países débiles bajo el dominio político de los imperialistas y colonialistas.

Por último, señores delegados, hay que establecer claramente que se están realizando en el área del Caribe maniobras y preparativos para agredir a Cuba. En las costas de Nicaragua, sobre todo, en Costa Rica también, en la zona del Canal de Panamá, en las islas Vieques de Puerto Rico, en la Florida; probablemente, en otros puntos del territorio de los Estados Unidos y, quizás, también en Honduras, se están entrenando mercenarios cubanos y de otras nacionalidades con algún fin que no debe ser el más pacífico.

Después de un sonado escándalo, el Gobierno de Costa Rica, se afirma, ha ordenado la liquidación de todos los campos de adiestramiento de cubanos exilados en ese país. Nadie sabe si esa actitud es sincera o si constituye una simple coartada, debido a que los mercenarios entrenados allí estén a punto de cometer alguna fechoría. Esperemos que se tome clara conciencia de la existencia real de bases de agresión, lo que hemos denunciado desde hace tiempo, y se medite sobre la responsabilidad internacional que tiene el Gobierno de un país que autoriza y facilita el entrenamiento de mercenarios para atacar a Cuba.

Es de hacer notar que las noticias sobre el entrenamiento de mercenarios en distintos puntos del Caribe y la participación que tiene en tales actos el Gobierno norteamericano se dan con toda naturalidad en los periódicos de los Estados Unidos. No sabemos de ninguna voz latinoamericana que haya protestado oficialmente por ello. Esto nos muestra el cinismo con que manejan los Estados Unidos a sus peones. Los sutiles cancilleres de la OEA que tuvieron ojos para ver escudos cubanos y encontrar «pruebas irrefutables» en las armas yanquis exhibidas por Venezuela, no ven los preparativos de agresión que se muestran en los Estados Unidos, como no oyeron la voz del presidente Kennedy que se declaraba explícitamente agresor de Cuba en Playa Girón [Invasión de Bahía de Cochinos en abril de 1961].

En algunos casos es una ceguera provocada por el odio de las clases dominantes de países latinoamericanos sobre nuestra Revolución; en otros, más tristes aún, es producto de los deslumbrantes resplandores de Mammon.

Como es de todos conocido, después de la tremenda conmoción llamada Crisis del Caribe, los Estados Unidos contrajeron con la Unión Soviética determinados compromisos que culminaron en la retirada de cierto tipo de armas que las continuas agresiones de aquel país —como el ataque mercenario de Playa Girón y las amenazas de invadir nuestra patria— nos obligaron a emplazar en Cuba en acto de legítima e irrenunciable defensa.

Pretendieron los norteamericanos, además, que las Naciones Unidas inspeccionarán nuestro territorio, a lo que nos negamos enfáticamente, ya que Cuba no reconoce el derecho de los Estados Unidos, ni de nadie en el mundo, a determinar el tipo de armas que pueda tener dentro de sus fronteras.

En este sentido, solo acataríamos acuerdos multilaterales, con iguales obligaciones para todas las partes.

Como ha dicho Fidel Castro:

Mientras el concepto de soberanía exista como prerrogativa de las naciones y de los pueblos independientes; como derecho de todos los pueblos, nosotros no aceptamos la exclusión de nuestro pueblo de ese derecho. Mientras el mundo se rija por esos principios, mientras el mundo se rija por esos conceptos que tengan validez universal, porque son universalmente aceptados y consagrados por los pueblos, nosotros no aceptaremos que se nos prive de ninguno de esos derechos, nosotros no renunciaremos a ninguno de esos derechos.

El señor secretario general de las Naciones Unidas, U Thant, entendió nuestras razones. Sin embargo, los Estados Unidos pretendieron establecer una nueva prerrogativa arbitraria e ilegal, la de violar el espacio aéreo de cualquier país pequeño. Así han estado surcando el aire de nuestra patria aviones U-2 y otros tipos de aparatos espías que, con toda impunidad, navegan en nuestro espacio aéreo. Hemos hecho todas las advertencias necesarias para que cesen las violaciones aéreas, así como las provocaciones que los marinos yanquis hacen contra nuestras postas de vigilancia en la zona de Guantánamo, los vuelos rasantes de aviones sobre buques nuestros o de otras nacionalidades en aguas internacionales, los ataques piratas a barcos de distintas banderas y las infiltraciones de espías, saboteadores y armas en nuestra Isla.

Nosotros queremos construir el socialismo; nos hemos declarado partidarios de los que luchan por la paz, nos hemos declarado dentro del grupo de Países No Alineados, a pesar de ser marxistas-leninistas, porque los No Alineados, como nosotros, luchan contra el imperialismo. Queremos paz, queremos construir una vida mejor para nuestro pueblo, y por eso, eludimos al máximo caer en las provocaciones maquinadas por los yanquis, pero conocemos la mentalidad de sus gobernantes; quieren hacernos pagar muy caro el precio de esa paz. Nosotros contestamos que ese precio no puede llegar más allá de las fronteras de la dignidad.

Y Cuba reafirma, una vez más, el derecho a tener en su territorio las armas que le conviniere y su negativa a reconocer el derecho de ninguna potencia de la tierra, por potente que sea, a violar nuestro suelo, aguas jurisdiccionales o espacio aéreo.

Si en alguna asamblea Cuba adquiere obligaciones de carácter colectivo, las cumplirá fielmente; mientras esto no suceda, mantiene plenamente todos sus derechos, igual que cualquier otra nación.

Ante las exigencias del imperialismo, nuestro Primer Ministro planteó los cinco puntos necesarios para que existiera una sólida paz en el Caribe. Estos son:

Primero: Cese del bloqueo económico y de todas las medidas de presión comerciales y económicas que ejercen los Estados Unidos en todas partes del mundo contra nuestro país.

Segundo: Cese de todas las actividades subversivas, lanzamiento y desembarco de armas y explosivos por aire y mar, organización de invasiones mercenarias, filtración de espías y saboteadores, acciones todas que se llevan a cabo desde el territorio de los Estados Unidos y de algunos países cómplices.

Tercero: Cese de los ataques piratas que se llevan a cabo desde bases existentes en los Estados Unidos y en Puerto Rico.

Cuarto: Cese de todas las violaciones de nuestro espacio aéreo y naval por aviones y navíos de guerra norteamericanos.

Quinto: Retirada de la base naval de Guantánamo y devolución del territorio cubano ocupado por los Estados Unidos.

No se ha cumplido ninguna de estas exigencias elementales, y desde la base naval de Guantánamo, continúa el hostigamiento de nuestras fuerzas. Dicha base se ha convertido en guarida de malhechores y catapulta de introducción de éstos en nuestro territorio.

Cansaríamos a esta Asamblea si hiciéramos un relato medianamente detallado de la multitud de provocaciones de todo tipo. Baste decir que el número de ellas, incluidos los primeros días de este mes de diciembre, alcanza la cifra de 1 323, solamente en 1964.

La lista abarca provocaciones menores, como violación de la línea divisoria, lanzamiento de objetos desde el territorio controlado por los norte-americanos, realización de actos de exhibicionismo sexual por norteamericanos de ambos sexos, ofensas de palabra; hay otros de carácter más grave como disparos de armas de pequeño calibre, manipulación de armas apuntando a nuestro territorio y ofensas a nuestra enseña nacional; provocaciones gravísimas son: el cruce de la línea divisoria provocando incendios en instalaciones del lado cubano y disparos con fusiles, hecho repetido 78 veces durante el año, con el saldo doloroso de la muerte del soldado Ramón López Peña, de resultas de dos disparos efectuados por las postas norteamericanas situadas a 3,5 kilómetros de la costa por el límite noroeste. Esta gravísima provocación fue hecha a las 19.07 del día 19 de julio de 1964, y el Primer Ministro de nuestro Gobierno manifestó públicamente, el 26 de julio, que de repetirse el hecho se daría orden a nuestras tropas de repeler la agresión. Simultáneamente se ordenó el retiro de las líneas de avanzada de las fuerzas cubanas hacia posiciones más alejadas de la línea divisoria y la construcción de casamatas adecuadas.

1 323 provocaciones en 340 días significan aproximadamente 4 diarias. Solo un ejército perfectamente disciplinado y con la moral del nuestro, puede resistir tal cúmulo de actos hostiles sin perder la ecuanimidad.

Cuarenta y siete países reunidos en la Segunda Conferencia de Jefes de Estados o de Gobierno de Países No Alineados, en El Cairo, acordaron, por unanimidad:

La Conferencia, advirtiendo con preocupación que las bases militares extranjeras constituyen, en la práctica un medio para ejercer presión sobre las naciones, y entorpecen su emancipación y su desarrollo, según sus concepciones ideológicas, políticas, económicas y culturales, declara que apoya sin reservas a los países que tratan de lograr la supresión de las bases extranjeras establecidas en su territorio y pide a todos los estados la inmediata evacuación de las tropas y bases que tienen en otros países.

La Conferencia considera que el mantenimiento por los Estados Unidos de América de una base militar en Guantánamo (Cuba), contra la voluntad del Gobierno y el pueblo de Cuba, y contra las disposiciones de la Declaración de la Conferencia de Belgrado, constituye una violación de la soberanía y la integridad territorial de Cuba.

La Conferencia, considerando que el Gobierno de Cuba se declara dispuesto a resolver su litigio con el Gobierno de los Estados Unidos de América acerca de la base de Guantánamo en condiciones de igualdad, pide encarecidamente al Gobierno de los Estados Unidos que entable negociaciones con el Gobierno de Cuba para evacuar esa base.

El Gobierno de los Estados Unidos no ha respondido a esa instancia de la Conferencia de El Cairo y pretende mantener indefinidamente ocupado por la fuerza un pedazo de nuestro territorio, desde el cual lleva a cabo agresiones como las detalladas anteriormente.

La Organización de Estados Americanos, también llamada por los pueblos Ministerio de Colonias norteamericano nos condenó «enérgicamente», aun cuando ya antes nos había excluido de su seno, ordenando a los países miembros que rompieran relaciones diplomáticas y comerciales con Cuba. La OEA autorizó la agresión a nuestro país, en cualquier momento, con cualquier pretexto, violando las más elementales leyes internacionales e ignorando por completo a la Organización de Naciones Unidas.

A aquella medida se opusieron con sus votos los países de Uruguay, Bolivia, Chile y México; y se opuso a cumplir la sanción, una vez aprobada, el Gobierno de los Estados Unidos Mexicanos; desde entonces no tenemos relaciones con países latinoamericanos salvo con aquel Estado, cumpliéndose así una de las etapas previas a la agresión directa del imperialismo.

Queremos aclarar, una vez más, que nuestra preocupación por Latinoamérica está basada en los lazos que nos unen: la lengua que hablamos, la cultura que sustentamos, el amo común que tuvimos. Que no nos anima ninguna otra causa para desear la liberación de Latinoamérica del yugo colonial norteamericano. Si algunos de los países latinoamericanos aquí presentes decidieran restablecer relaciones con Cuba, estaríamos dispuestos a hacerlo sobre bases de igualdad y no con el criterio de que es una dádiva a nuestro Gobierno el reconocimiento como país libre del mundo, porque ese reconocimiento lo obtuvimos con nuestra sangre en los días de la lucha de liberación, lo adquirimos con sangre en la defensa de nuestras playas frente a la invasión yanqui.

Aun cuando nosotros rechazamos que se nos pretenda atribuir injerencias en los asuntos internos de otros países, no podemos negar nuestra simpatía hacia los pueblos que luchan por su liberación y debemos cumplir con la obligación de nuestro Gobierno y nuestro pueblo de expresar contundentemente al mundo que apoyamos moralmente y nos solidarizamos con los pueblos que luchan en cualquier parte del mundo para hacer realidad los derechos de soberanía plena proclamados en la Carta de las Naciones Unidas.

Los Estados Unidos sí intervienen; lo han hecho históricamente en América Latina. Cuba conoce desde fines del siglo pasado esta verdad, pero la conocen también Colombia, Venezuela, Nicaragua y la América Central en general, México, Haití, Santo Domingo.

En años recientes, además de nuestro pueblo, conocen de la agresión directa Panamá, donde los marines del Canal tiraron a mansalva sobre el pueblo inerme; Santo Domingo, cuyas costas fueron violadas por la flota yanqui para evitar el estallido de la justa ira popular, luego del asesinato de Trujillo; y Colombia, cuya capital fue tomada por asalto a raíz de la rebelión provocada por el asesinato de Gaitán.

Se producen intervenciones solapadas por intermedio de las misiones militares que participan en la represión interna, organizando las fuerzas destinadas a ese fin en buen número de países, y también en todos los golpes de estado, llamados «gorilazos», que tantas veces se repitieron en el continente americano durante los últimos tiempos.

Concretamente intervienen fuerzas de los Estados Unidos en la represión de los pueblos de Venezuela, Colombia y Guatemala que luchan con las armas por su libertad. En el primero de los países nombrados, no sólo asesoran al ejército y a la policía, sino que también dirigen los genocidios, efectuados desde el aire contra la población campesina de amplias regiones insurgentes y, las compañías yanquis instaladas allí, hacen presiones de todo tipo para aumentar la injerencia directa.

Los imperialistas se preparan a reprimir a los pueblos americanos y están formando la internacional del crimen. Los Estados Unidos intervienen en América Latina invocando la defensa de las instituciones libres. Llegará el día en que esta Asamblea adquiera aún más madurez y le demande al Gobierno norteamericano garantías para la vida de la población negra y latinoamericana que vive en este país, norteamericanos de origen o adopción, la mayoría de ellos. ¿Cómo puede constituirse en gendarme de la libertad quien asesina a sus propios hijos y los discrimina diariamente por el color de la piel, quien deja en libertad a los asesinos de los negros, los protege además, y castiga a la población negra por exigir respeto a sus legítimos derechos de hombres libres?

Comprendemos que hoy la Asamblea no está en condiciones de demandar explicaciones sobre estos hechos, pero debe quedar claramente sentado que el Gobierno de los Estados Unidos no es gendarme de la libertad, sino perpetuador de la explotación y la opresión contra los pueblos del mundo y contra buena parte de su propio pueblo.

Al lenguaje anfibológico con que algunos delegados han dibujado el caso de Cuba y la OEA nosotros contestamos con palabras contundentes y proclamamos que los pueblos de América Latina cobrarán a los gobiernos entreguistas su traición.

Cuba, señores delegados, libre y soberana, sin cadenas que la aten a nadie, sin inversiones extranjeras en su territorio, sin procónsules que orienten su política, puede hablar con la frente alta en esta Asamblea y demostrar la justeza de la frase con que la bautizaran: «Territorio libre de América».

Nuestro ejemplo fructificará en el Continente como lo hace ya, en cierta medida, en Guatemala, Colombia y Venezuela.

No hay enemigo pequeño ni fuerza desdeñable, porque ya no hay pueblos aislados. Como establece la Segunda Declaración de La Habana:

Ningún pueblo de América Latina es débil, porque forma parte de una familia de doscientos millones de hermanos que padecen las mismas miserias, albergan los mismos sentimientos, tienen el mismo enemigo, sueñan todas un mismo mejor destino y cuentan con la solidaridad de todos los hombres y mujeres honrados del mundo.

Esta epopeya que tenemos delante la van a escribir las masas hambrientas de indios, de campesinos sin tierra, de obreros explotados; la van a escribir las masas progresistas, los intelectuales honestos y brillantes que tanto abundan en nuestras sufridas tierras de América Latina. Lucha de masas y de ideas, epopeya que llevarán adelante nuestros pueblos maltratados y despreciados por el imperialismo, nuestros pueblos desconocidos hasta hoy, que ya empiezan a quitarle el sueño. Nos consideraban rebaño impotente y sumiso y ya se empiezan a asustar de ese rebaño, rebaño gigante de doscientos millones de latinoamericanos en los que advierte ya sus sepultureros el capital monopolista yanqui.

La hora de su reivindicación, la hora que ella misma se ha elegido, la vienen señalando con precisión también de un extremo a otro del Continente. Ahora esta masa anónima, esta América de color, sombría, taciturna, que canta en todo el Continente con una misma tristeza y desengaño, ahora esta masa es la que empieza a entrar definitivamente en su propia historia, la empieza a escribir con su sangre, la empieza a sufrir y a morir, porque ahora por los campos y las montañas de América, por las faldas de sus sierras, por sus llanuras y sus selvas, entre la soledad o el tráfico de las ciudades, en las costas de los grandes océanos y ríos se empieza a estremecer este mundo lleno de corazones con los puños calientes de deseos de morir por lo suyo, de conquistar sus derechos casi quinientos años burlados por unos y por otros. Ahora, sí, la historia tendrá que contar con los pobres de América, con los explotados y vilipendiados, que han decidido empezar a escribir ellos mismos, para siempre, su historia. Ya se les ve por los caminos un día y otro a pie, en marchas sin término de cientos de kilómetros, para llegar hasta los «olimpos» gobernantes a recabar sus derechos. Ya se les ve, armados de piedras, de palos, de machetes, en un lado y otro, cada día, ocupando las tierras, afincando sus garfios en las tierras que les pertenecen y defendiéndolas con sus vidas, se les ve llevando sus cartelones, sus banderas, sus consignas, haciéndolas correr en el viento por entre las montañas o a lo largo de los llanos. Y esa ola de estremecido rencor, de justicia reclamada, de derecho pisoteado, que se empieza a levantar por entre las tierras de Latinoamérica, esa ola ya no parará más. Esa ola irá creciendo cada día que pase. Porque esa ola la forman los más, los mayoritarios en todos los aspectos, los que acumulan con trabajo las riquezas, crean los valores, hacen andar las ruedas de la historia y que ahora despiertan del largo sueño embrutecedor a que los sometieron.

Porque esta gran humanidad ha dicho «¡Basta!» y ha echado a andar. Y su marcha de gigante, ya no se detendrá hasta conquistar la verdadera independencia, por la que ya han muerto más de una

De izquierda a derecha: Che Guevara, Fidel Castro, Calixto García, Ramiro Valdés y Juan Almeida en la Sierra Maestra.

Che Guevara durante la guerra revolucionaria en Cuba.

Che Guevara en El Hombrito, la Sierra Maestra.

Che Guevara y Camilo Cienfuegos.

Che Guevara en la Sierra Maestra.

Fidel Castro y Che Guevara en la Sierra Maestra.

Che Guevara (al centro) junto a los combatientes de la Columna 4 muestran la bandera colocada en uno de los picos de "El Hombrito", Sierra Maestra.

Fidel Castro mostrando a Celia Sánchez y a Haydee Santamaría cómo usar un fusil.

De izquierda a derecha: José Argudín, Che Guevara, Aleida March, Harry "Pombo" Villegas y Ramón Pardo Guerra en Santa Clara, diciembre de 1958.

El descarrilamiento del tren blindado en Santa Clara, diciembre de 1958.

Che Guevara en Placetas, Las Villas, diciembre de 1958.

Aleida March y Che Guevara.

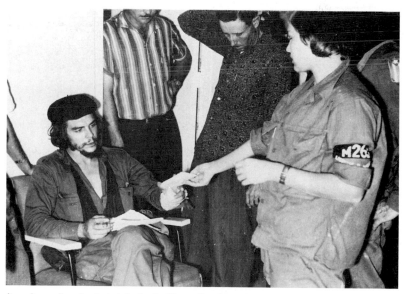

Aun sin rendirse la ciudad de Santa Clara, Che Guevara recibe un mensaje de manos de Aleida March.

Che Guevara con Aleida March in Las Villas, diciembre de 1958.

La boda de Che Guevara y Aleida March, 1959, con Raúl Castro y Vilma Espín (a la izquierda).

Che Guevara y Aleida March con sus cuatro hijos, La Habana, Cuba.

GUEVARA

Che Guevara en la Asamblea General de la ONU, Nueva York, 11 de diciembre, 1964.

Che Guevara durante una entrevista con CBS, Nueva York, diciembre de 1964.

Entrevista con Lisa Howard, Nueva York, diciembre de 1964.

Che Guevara en la Asamblea General de la ONU, Nueva York, 11 de diciembre, 1964.

"Ramón Benítez" (Che Guevara) con Aleida March antes de su salida hacia Bolivia.

Última fotografía de Che Guevara y Fidel Castro juntos, La Habana, 1966.

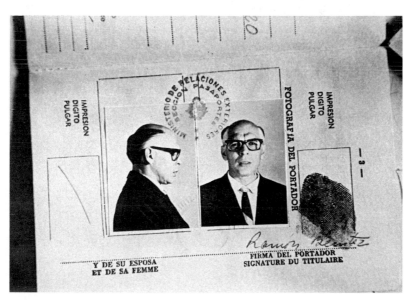

Pasaporte a nombre de Ramón Benítez utilizado por Che Guevara para entrar a Bolivia.

Autorretrato del Che en el hotel Copacabana, La Paz, Bolivia, antes de unirse a los guerrilleros.

Tuma y Che Guevara antes de salir hacia el campamento guerrillero.

De izquierda a derecha: Arturo, Tuma, Che, Loro y Pombo en Bolivia.

Che Guevara, Pombo y Marcos en el campamento guerrillero en Bolivia.

Che Guevara mientras hace guardia en Bolivia.

Tania (Tamara Bunke) en el campamento de los guerrilleros en Bolivia.

De izquierda a derecha: Inti, Pombo, Urbano, Rolando, Alejandro, Tuma, Arturo y Moro.

De izquierda a derecha: Urbano, Miguel, Che, Marcos, Chino, Pachungo, Pombo, Inti y Loro.

Che Guevara en Bolivia.

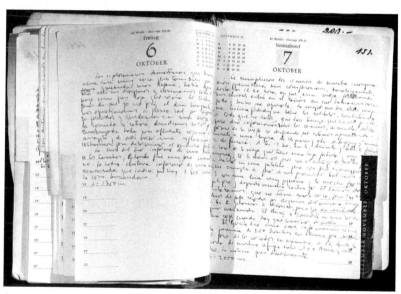

Últimas anotaciones en el diario de Che Guevara en Bolivia, octubre de 1967.

vez inútilmente. Ahora, en todo caso, los que mueran, morirán como los de Cuba, los de Playa Girón, morirán por su única, verdadera e irrenunciable independencia.

Todo esto, señores delegados, esta disposición nueva de un continente, de América Latina, está plasmada y resumida en el grito que día a día, nuestras masas proclaman como expresión irrefutable de su decisión de lucha, paralizando la mano armada del invasor. Proclama que cuenta con la comprensión y el apoyo de todos los pueblos del mundo y especialmente, del campo socialista, encabezado por la Unión Soviética.

Esa proclama es: ¡Patria o Muerte!

Tomado de: *Che Guevara Presente: Una antología mínima* por Ernesto Che Guevara

«EN CUALQUIER LUGAR QUE NOS SORPRENDA LA MUERTE, BIENVENIDA SEA, SIEMPRE QUE ÉSE, NUESTRO GRITO DE GUERRA, HAYA LLEGADO HASTA UN OÍDO RECEPTIVO, Y OTRA MANO SE TIENDA PARA EMPUÑAR NUESTRAS ARMAS, Y OTROS HOMBRES SE APRESTEN A ENTONAR LOS CANTOS LUCTUOSOS CON TABLETEO DE AMETRALLADORAS Y NUEVOS GRITOS DE GUERRA Y DE VICTORIA.»

ERNESTO CHE GUEVARA

SEGUNDA PARTE

EL GUERRILLERO

LA PELÍCULA "CHE" (PARTE 2)

SE BASA EN:

EL DIARIO DEL CHE EN BOLIVIA

POR ERNESTO CHE GUEVARA

BOLIVIA

7 DE NOVIEMBRE, 1966

Hoy comienza una nueva etapa. Por la noche llegamos a la finca. El viaje fue bastante bueno. Luego de entrar, convenientemente disfrazados, por Cochabamba, Pachungo y yo hicimos los contactos y viajamos en jeep, en dos días y dos vehículos.

Al llegar cerca de la finca detuvimos las máquinas y una sola llegó a ella para no atraer las sospechas de un propietario cercano, que murmura sobre la posibilidad de que nuestra empresa esté dedicada a la fabricación de cocaína. Como dato curioso, el inefable Tumaini es indicado como el químico del grupo. Al seguir hacia la finca, en el segundo viaje, Bigotes, que acababa de enterarse de mi identidad, casi se va por un barranco, dejando el jeep varado en el borde del precipicio. Caminamos algo así como 20 kilómetros, llegando a la finca, donde hay tres trabajadores del partido, pasada la medianoche.

Bigotes se mostró dispuesto a colaborar con nosotros, haga lo que haga el partido, pero se muestra leal a Monje a quien respeta y parece querer. Según él, Rodolfo está en la misma disposición y otro tanto sucede con el Coco, pero hay que tratar de que el partido se decida a luchar. Le pedí que no informara al partido hasta la llegada de Monje, que está de viaje para Bulgaria y que nos ayudara, accedió a ambas cosas.

ANÁLISIS DEL MES (NOVIEMBRE 1966)

Todo ha salido bastante bien: mi llegada sin inconvenientes; la mitad de la gente está aquí también sin inconvenientes, aunque se demoraron algo; los principales colaboradores de Ricardo se alzan contra viento y marea. El panorama se perfila bueno en esta región apartada donde todo indica que podremos pasarnos prácticamente el tiempo que estimemos conveniente. Los planes son: esperar el resto de la gente, aumentar el número de bolivianos por lo menos hasta 20 y comenzar a operar. Falta averiguar la reacción de Monje y cómo se comportará la gente de Guevara.

31 DE DICIEMBRE, 1966

A las 7:30 llegó el Médico Ernesto con la noticia de que Monje estaba allí. Fui con Inti, Tuma, Urbano y Arturo. La recepción fue cordial, pero tirante; flotaba en el ambiente la pregunta: ¿A qué vienes? Lo acompañaba «Pan Divino» el nuevo recluta, Tania, que viene a recibir instrucciones y Ricardo que ya se queda.

La conversación con Monje se inició con generalidades pero pronto cayó en su planteamiento fundamental resumido en tres condiciones básicas:

1º) Él renunciaría a la dirección del partido, pero lograría de éste al menos la neutralidad y se extraerían cuadros para la lucha.

2º) La dirección político-militar de la lucha le correspondería a él mientras la revolución tuviera un ámbito boliviano.

3º) Él manejaría las relaciones con otros partidos sudamericanos, tratando de llevarlos a la posición de apoyo a los movimientos de liberación [puso como ejemplo a Douglas Bravo.

Le contesté que el primer punto quedaba a su criterio, como secretario del partido, aunque yo consideraba un tremendo error su posición.

Era vacilante y acomodaticia y preservaba el nombre histórico de quienes debían ser condenados por su posición claudicante. El tiempo me daría la razón.

Sobre el tercer punto, no tenía inconveniente en que tratara de hacer eso, pero estaba condenado al fracaso. Pedirle a Codovila que apoyara a Douglas Bravo era tanto como pedirle que condonara un alzamiento dentro de su partido. El tiempo también sería el juez.

Sobre el segundo punto no podía aceptarlo de ninguna manera. El jefe militar sería yo y no aceptaba ambigüedades en esto. Aquí la discusión se estancó y giró en un círculo vicioso.

Quedamos en que lo pensaría y hablaría con los compañeros bolivianos. Nos trasladamos al campamento nuevo y allí habló con todos planteándoles la disyuntiva de quedarse o apoyar al partido; todos se quedaron y parece que eso lo golpeó.

A las 12 hicimos un brindis en que señaló la importancia histórica de la fecha. Yo contesté aprovechando sus palabras y marcando este momento como el nuevo grito de Murillo de la revolución continental y que nuestras vidas no significaban nada frente al hecho de la revolución.

Fidel me envió los mensajes adjuntos.

ANÁLISIS DEL MES (DICIEMBRE 1966)

Se ha completado el equipo de cubanos con todo éxito; la moral de la gente es buena y sólo hay pequeños problemitas. Los bolivianos están bien aunque sean pocos. La actitud de Monje puede retardar el desarrollo de un lado pero contribuir por otro, al liberarme de compromisos políticos. Los próximos pasos, fuera de esperar más bolivianos, consisten en hablar con Guevara y con los argentinos Mauricio y Jozami [Masetti y el partido disidente].

ANÁLISIS DEL MES (ENERO 1967)

Como lo esperaba, la actitud de Monje fue evasiva en el primer momento y traidora después.

Ya el partido está haciendo armas contra nosotros y no sé dónde llegará, pero eso no nos frenará y quizás, a la larga, sea beneficioso (casi estoy seguro de ello). La gente más honesta y combativa estará con nosotros, aunque pasen por crisis de conciencia más o menos graves.

Guevara, hasta ahora, ha respondido bien. Veremos cómo se portan él y su gente en el futuro.

Tania partió pero los argentinos no han dado señales de vida, ni ella tampoco. Ahora comienza la etapa propiamente guerrillera y probaremos la tropa; el tiempo dirá qué da y cuáles son las perspectivas de la revolución boliviana.

De todo lo previsto, lo que más lentamente anduvo fue la incorporación de combatientes bolivianos.

26 DE FEBRERO, 1967

Por la mañana tuve una explicación con Marcos y Pacho, de la que salí convencido de que existió por parte de Marcos la injuria y el maltrato y, quizás, la amenaza con el machete, pero no el golpe; de parte de Pacho, contestaciones injuriosas y una tendencia a la bravuconería innata en él, con algunos antecedentes aquí. Esperé que todo el mundo estuviera reunido y hablé entonces de lo que significaba este esfuerzo por llegar al Rosita, explicando cómo este tipo de privaciones era una introducción a lo que sufriríamos y explicando que, producto de la falta de adaptación se producían incidentes vergonzosos, como éste protagonizado entre dos cubanos; critiqué a Marcos por sus actitudes y aclaré a Pacho que otro incidente como éste provocaría su baja deshonrosa de la guerrilla. Pacho, además de negarse a seguir con el comunicador, volvió sin avisarme nada del incidente, y luego, según todas las probabilidades, me mintió sobre los golpes de Marcos.

Le pedí a los bolivianos que el que se sintiera flojo no apelara a métodos torcidos, me lo dijera a mí y lo licenciábamos en paz.

Seguimos caminando, tratando de alcanzar el Río Grande, para seguir por él; lo logramos y se pudo seguir durante un poco más de 1 km., pero hubo que volver a subir pues el río no daba paso en un farallón. Benjamín se había quedado atrás, por dificultades en su mochila y agotamiento físico; cuando llegó a nuestro lado le di órdenes de que siguiera y así lo hizo; caminó unos 50 ms. y perdió el trillo de subida, poniéndose a buscarlo arriba de una laja; cuando le ordenaba a Urbano que le advirtiera la pérdida, hizo un movimiento brusco y cayó al agua. No sabía nadar. La corriente era intensa y lo fue arrastrando mientras hizo pie; corrimos a tratar de auxiliarlo y, cuando nos quitábamos la ropa desapareció en un remanso. Rolando nadó hacia allí y trató de bucear, pero la corriente lo arrastró lejos. A los 5 minutos renunciamos a toda esperanza. Era un muchacho débil y absolutamente inhábil, pero con una gran voluntad de vencer; la prueba fue más fuerte que él, el físico no lo acompañó y tenemos ahora nuestro bautismo de muerte a orillas del Río Grande, de una manera absurda. Acampamos sin llegar al Rosita a las 5 de la tarde. Nos comimos la última ración de frijoles.

28 DE FEBRERO, 1967

Día de semidescanso. Después del desayuno (té) di una corta charla, analizando la muerte de Benjamín y contando algunas anécdotas de la Sierra Maestra. A continuación salieron las exploraciones, Miguel, Inti y el Loro Rosita arriba, con la instrucción de caminar 3 ^{1}/$_2$ horas, lo que yo creía fuera necesario para alcanzar el río Abapocito, pero no fue así por la falta de senda; no encontraron señales de vida reciente. Joaquín y Pedro subieron a los montes de enfrente, pero no vieron nada ni encontraron senda alguna o restos de ella. Alejandro y Rubio cruzaron el río pero no encontraron senda, aunque la exploración fue superficial. Marcos dirigió la construcción de la balsa y se inició el cruce apenas terminada, en un recodo del río donde desemboca el Rosita. Pasaron las mochilas de 5 hombres, pero pasó la de Miguel y quedó la de Benigno, mientras que sucedía al revés con ellos, y para colmo, Benigno dejó los zapatos.

La balsa no pudo ser recuperada y la segunda no estaba terminada, de modo que suspendimos el cruce hasta mañana.

ANÁLISIS DEL MES (FEBRERO 1967)

Aunque no tengo noticias de lo ocurrido en el campamento, todo marcha aproximadamente bien, con las debidas excepciones, fatales en estos casos.

En lo externo, no hay noticias de los dos hombres que debían mandarme para completar el conjunto; el Francés ya debe estar en La Paz y cualquier día en el campamento; no tengo noticias de los argentinos ni del Chino; los mensajes se reciben bien en ambas direcciones; la actitud del partido sigue siendo vacilante y doble, lo menos que se puede decir de ella, aunque queda una aclaración, que puede ser definitiva, cuando hable con la nueva delegación.

La marcha se cumplió bastante bien, pero fue empañada por el accidente que costó la vida a Benjamín; la gente está débil todavía y no todos los bolivianos resistirán. Los últimos días de hambre han mostrado una debilitación del entusiasmo, caída que se hace más patente al quedar divididos.

De los cubanos, dos de los de poca experiencia, Pacho y el Rubio no han respondido todavía, Alejandro lo ha hecho a plenitud; de los viejos, Marcos da continuos dolores de cabeza y Ricardo no está cumpliendo cabalmente. Los demás bien. La próxima etapa será de combate y decisiva.

17 DE MARZO, 1967

Otra vez la tragedia antes de probar el combate. Joaquín apareció a media mañana; Miguel y Tuma habían ido a alcanzarlo con buenos trozos de carne. La odisea había sido seria: no pudieron dominar la balsa y ésta siguió Ñacahuazú abajo, hasta que les tomó un remolino que la tumbó, según ellos, varias veces. El resultado final fue la pérdida de varias mochilas, casi todas las balas, 6 fusiles y un hombre: Carlos. Éste se desprendió en el remolino junto con Braulio pero con suerte diversa: Braulio alcanzó la orilla y pudo ver a Carlos que era arrastrado sin ofrecer resistencia. Joaquín ya había salido con toda la gente, más adelante, y no lo vio pasar. Hasta ese momento, era considerado el mejor hombre de los bolivianos en la retaguardia, por su seriedad, disciplina y entusiasmo.

Las armas perdidas son: una Brno, la de Braulio; 2 M-1, Carlos y Pedro; 3 máusers, Abel, Eusebio y Polo. Joaquín informó que había visto al Rubio y al Médico en la otra banda y ya les había ordenado hacer una balsita y volver. A las 14 aparecieron con su cuenta de peripecias y sinsabores, desnudos y con el Rubio descalzo. La balsa se les descalabró en el primer remolino. Salieron a la orilla casi donde lo hiciéramos nosotros.

Nuestra partida está fijada para mañana temprano y Joaquín lo hará por el mediodía. Espero encontrarme con noticias mañana mismo en el curso del día. La moral de la gente de Joaquín parece buena.

21 DE MARZO, 1967

Me pasé el día en charlas y discusiones con el Chino, precisando algunos puntos, el Francés, el Pelao y Tania. El Francés traía noticias ya conocidas sobre Monje, Kolle, Simón Reyes, etc. Viene a quedarse pero yo le pedí que volviera a organizar una red de ayuda en Francia y de paso fuera a Cuba, cosa que coincide con sus deseos de casarse y tener un hijo con su compañera. Yo debo escribir cartas a Sartre y B. Russell para que organicen una colecta internacional de ayuda al movimiento de liberación boliviano. Él debe, además, hablar con un amigo que organizará todas las vías de ayuda, fundamentalmente dinero, medicinas y electrónica, en forma de un ingeniero del ramo y equipos.

El Pelao, por supuesto, está en disposición de ponerse a mis órdenes y yo le propuse ser una especie de coordinador, tocando por ahora sólo a los grupos de Jozami, Gelman y Stamponi y mandándome cinco hombres para que comiencen el entrenamiento. Debe saludar a María Rosa Oliver y al viejo. Se le dará 500 pesos para mandar y mil para moverse. Si aceptan, deben comenzar la acción exploratoria en el norte argentino y mandarme un informe.

Tania hizo los contactos y la gente vino, pero según ella, se la hizo viajar en su jeep hasta aquí y pensaba quedarse un día pero se complicó la cosa. Jozami no pudo quedarse la primera vez y la segunda ni siquiera se hizo contacto por estar Tania aquí. Se refiere a Iván con bastante desprecio; no sé qué habrá en el fondo de todo. Se recibe la rendición de cuentas de la

Loyola hasta el 9 de febrero (1 500 dólares).

Se reciben dos informes de Iván; uno sin interés, con fotos, sobre un colegio militar, otro informando de algunos puntos, sin mayor importancia tampoco.

Lo fundamental es que no puede descifrar la escritura (D. XIII). Se recibe un informe de Antonio (D. XII) donde trata de justificar su actitud. Se escucha un informe radial en que se anuncia un muerto y se desmiente luego; lo que indica que fue verdad lo del Loro.

23 DE MARZO, 1967

Día de acontecimientos guerreros. Pombo quería organizar una góndola hasta arriba para rescatar mercancía, pero yo me opuse hasta aclarar la sustitución de Marcos. A las 8 y pico llegó Coco a la carrera a informar que había caído una sección del ejército en la emboscada. El resultado final ha sido, hasta ahora, 3 morteros de 60 mm, 16 máusers, 2 Bz, 3 Usis, 1 30, dos radios, botas, etc., 7 muertos, 14 prisioneros sanos y 4 heridos, pero no logramos capturarles víveres. Se capturó el plan de operaciones que consiste en avanzar por ambos cabos del Ñacahuazú para hacer contacto en un punto medio. Trasladamos aceleradamente gente al otro lado y puse a Marcos con casi toda la vanguardia en el final del camino de maniobras mientras el centro y parte de la retaguardia queda en la defensa y Braulio hace una emboscada al final del otro camino de maniobras. Así pasaremos la noche para ver si mañana llegan los famosos rangers. Un mayor y un capitán, prisioneros, hablaron como cotorras.

Se descifra el mensaje enviado con el Chino. Habla del viaje de Debray, el envío de $60 000s, los pedidos del Chino y una explicación de por qué no escriben a Iván. También recibo una comunicación de Sánchez donde informa sobre las posibilidades de establecer a Mito en algunos puntos.

24 DE MARZO, 1967

El botín completo es el siguiente: 16 máusers, 3 morteros con 64 proyectiles, 2 Bz, 2 000 tiros de máuser, 3 Usis con 2 cargadores cada una, una 30 con dos cintas. Hay 7 muertos y 14 prisioneros, incluyendo 4 heridos. Se manda a Marcos a hacer una exploración la que no arroja nada, pero los aviones bombardean cerca de la casa nuestra.

Mandé a Inti a hablar por última vez con los prisioneros y ponerlos en libertad, desnudándolos de toda prenda que sirva menos a los dos oficiales con los que se habló aparte y salieron vestidos. Al Mayor, se le dijo que le dábamos hasta el 27 a las 12.00 para retirar los muertos y les ofrecimos una tregua para toda la zona de Lagunillas si él se quedaba por aquí, pero contestó que se retiraba del Ejército.

El capitán informó que había reingresado al Ejército hacía un año, a pedido de la gente del partido y que tenía un hermano estudiando en Cuba; además, dio los nombres de otros dos oficiales dispuestos a colaborar. Cuando los aviones comenzaron el bombardeo que dieron un susto mayúsculo, pero también lo sufrieron dos hombres nuestros, Raúl y Wálter; este último también estuvo flojo en la emboscada.

Marcos hizo una exploración sin encontrar nada por su zona. Ñato y Coco fueron con la resaca a una góndola hacia arriba pero debieron devolverlos porque no querían caminar. Hay que licenciarlos.

ANÁLISIS DEL MES (MARZO 1967)

Éste está pletórico de acontecimientos pero el panorama general se presenta con las siguientes características. Etapa de consolidación y depuración para la guerrilla, cumplida a cabalidad; lenta etapa de desarrollo con la incorporación de algunos elementos venidos de Cuba, que no parecen malos, y los de Guevara que han resultado con un nivel general muy pobre (2 desertores, 1 prisionero «hablador», 3 rajados, 2 flojos); etapa de comienzo de la lucha, caracterizada por un golpe preciso y espectacular, pero jalonada de indecisiones groseras antes y después del hecho (retirada de Marcos, acción de Braulio), etapa del comienzo de la contraofensiva enemiga, caracterizada hasta ahora por: a) tendencia a establecer controles que nos aíslen, b) clamoreo a nivel nacional e internacional, c) inefectividad total, hasta ahora, d) movilización campesina.

Evidentemente, tendremos que emprender el camino antes de lo que yo creía y movernos dejando un grupo en remojo y con el lastre de 4 posibles delatores. La situación no es buena, pero ahora comienza otra etapa de prueba para la guerrilla, que le ha de hacer mucho bien cuando la sobrepase.

Composición: vanguardia —Jefe: Miguel; Benigno, Pacho, Loro, Aniceto, Camba, Coco, Darío, Julio, Pablo, Raúl.

Retaguardia —Jefe: Joaquín; segundo: Braulio; Rubio, Marcos, Pedro, Médico, Polo, Wálter, Víctor (Pepe, Paco, Eusebio y Chingolo).

Centro —Yo, Alejandro, Rolando, Inti, Pombo, Ñato, Tuma, Urbano, Moro, Negro, Ricardo, Arturo, Eustaquio, Guevara, Willy, Luis, Antonio, León (Tania, Pelado, Dantón, Chino —visitantes), (Serapio —refugiado).

4 DE ABRIL, 1967

Fracaso casi total. A las 14 y 30 llegamos a un punto en que se veían huellas de guardias y hasta una boina de paracaidista y huellas de comida norteamericana, raciones individuales. Decidí tomar por asalto la primera casa d[   ] y así lo hicimos a las

18:30. Habían salido peones guaraníes que informaron que el
Ejército cerca de 150 hombres se habían retirado ayer y que el
dueño de casa había salido a depositar su ganado lejos. Se encargó
una comida de puerco y yuca, mientras se iba a ocupar la segunda
casa de [   ] Loro, Coco, Aniceto y luego Inti fueron a la segunda
casa acompañados de otro de los campesinos.

El matrimonio no estaba, pero cuando llegó, en la confusión se
escapó el peoncito. Al fin se pudo establecer que una Compañía
aproximadamente del Rgto. 2 Bolívar había estado allí, saliendo esa
mañana. Tenía instrucciones de bajar por la quebrada de Tiraboy
pero ellos eligieron salir por otro firme, por esto no chocamos. En
Gutiérrez no hay guardias, pero estos volverán mañana, de modo
que no conviene quedarse.

En la primera casa se encontraron objetos de los militares,
tales como platos, cantimploras, hasta balas y equipo, todo fue
confiscado. Después de comer bien, pero sin exageración la
retaguardia salió a las 3 y nosotros a las 3 y 30. La vanguardia
debía salir cuando comieran sus últimas pastas. Nosotros nos perdimos y salimos más abajo de la emboscada provocando una confusión que duró hasta la mañana.

10 DE ABRIL, 1967

Amaneció y siguió por la mañana con cosa de pocos acontecimientos, mientras nos preparábamos a dejar el arroyo, impoluto
y cruzar por la quebrada de Miguel hasta Pirirenda-Gutiérrez. A
media mañana llegó muy agitado el Negro a avisar que venían
15 soldados río abajo. Inti había ido a avisar a Rolando en la
emboscada. No quedaba otra cosa que esperar y eso se hizo; mandé
a Tuma para que estuviera listo a informarme. Pronto llegaron
las primeras noticias, con un saldo desagradable: El Rubio, Jesús
Suárez Gayol, estaba herido de muerte. Y muerto llegó a nuestro

campamento; un balazo en la cabeza. La cosa sucedió así: La emboscada estaba compuesta por 8 hombres de la retaguardia —1 refuerzo de 3 de la vanguardia, distribuidos a ambos lados del río. Al informar de la llegada de los 15 soldados, Inti pasó por donde estaba el Rubio y observó que éste estaba en muy mala posición, pues era claramente visible desde el río. Los soldados avanzaban sin mayores precauciones pero explorando las márgenes en busca de sendas y por una de éstas se internaron chocando con Braulio o Pedro antes de penetrar en la emboscada. El fuego duró unos segundos, quedando sobre el terreno un muerto y tres heridos, más seis prisioneros; al rato cayó también un suboficial y se escaparon cuatro. Junto a un herido encontraron al Rubio ya agonizante; su garand estaba trabado y una granada, con la espoleta suelta, pero sin estallar, estaba a su lado. No se pudo interrogar al prisionero por su estado de gravedad, muriendo al rato, así como el teniente que los mandaba.

Del interrogatorio de los prisioneros surge el siguiente panorama: estos 15 hombres pertenecen a una compañía que era la que estaba río arriba en Ñacahuazú, había atravesado por el cañón, recogido las osamentas y luego tomado el campamento. Según los soldados no habían encontrado nada, aunque la radio habla de fotos y documentos encontrados allí. La compañía constaba de 100 hombres de los cuales 15 fueron a acompañar un grupo de periodistas al campamento nuestro y éstos habían salido con la misión de hacer un recorrido de exploración y retornar a las 17.00. En el Pincal están las fuerzas mayores; en Lagunillas, unos 30 y se supone que el grupo que anduvo por Tiraboy haya sido retirado a Gutiérrez. Contaron la odisea de este grupo perdido en los montes y sin agua; por lo que hubo que ir a rescatarlo; calculando que los prófugos llegarían tarde resolví dejar instalada la emboscada que Rolando había adelantado unos 500 metros pero contando ahora con el auxilio de toda la vanguardia. En primera instancia había ordenado el repliegue pero me pareció lógico dejarla así. Cerca

de las 17 llega la noticia de que el Ejército avanza con grandes
efectivos. Ya no queda sino esperar. Mando a Pombo para que
me dé una idea clara de la situación. Se oyen disparos aislados
durante un rato y retorna Pombo anunciando que volvieron a caer
en la emboscada, hay varios muertos y un mayor prisionero.

Esta vez, las cosas suceden así: avanzaron desplegados por el
río, pero sin mayores precauciones y la sorpresa fue completa. Esta
vez hay siete muertos, cinco heridos y un total de 22 prisioneros.
El balance es el siguiente: (total). (No se puede hacer por falta de
datos).

11 DE ABRIL, 1967

Por la mañana iniciamos el traslado de todos los enseres y enterramos al Rubio en una pequeña fosa a flor de tierra, dada la falta
de materiales. Se dejó a Inti con la retaguardia para acompañar a
los prisioneros y dejarlos en libertad, amén de buscar más armas
regadas. El único resultado de la búsqueda fue hacer dos nuevos
prisioneros con sus correspondientes garands. Se le dieron dos
partes #1 al mayor con el compromiso de hacerlo llegar a los
periodistas. El total de bajas se descompone así: 10 muertos, entre
ellos 2 tenientes, 30 prisioneros, un mayor y algunos suboficiales,
el resto soldados; seis están heridos, uno del primer combate y el
resto del segundo.

Están bajo las órdenes de la 4ª división pero con elementos
de varios regimientos mezclados; hay rangers, paracaidistas y
soldados de la zona, casi niños.

Sólo por la tarde acabamos todo el acarreo y localizamos la
cueva para dejar la impedimenta, pero sin acondicionarla todavía.
En el último tramo se espantaron las vacas y nos quedamos con un
ternero nada más.

Temprano, en el momento de llegar al nuevo campamento, nos topamos con Joaquín y Alejandro que bajaban con toda su gente. Del informe se desprende que los soldados vistos fueron sólo fantasía de Eustaquio y el traslado hasta aquí un esfuerzo inútil.

La radio dio el parte de «un nuevo y sangriento choque» y habla de nueve muertos del ejército y cuatro «comprobados» de nosotros.

Un periodista chileno hizo una narración pormenorizada de nuestro campamento y descubrió una foto mía, sin barba y con pipa. Había que investigar más cómo fue obtenida. No hay pruebas de que la cueva superior haya sido localizada aunque algunos indicios así lo manifiestan.

12 DE ABRIL, 1967

A las 6:30 reuní a todos los combatientes menos los 4 de la resaca para hacer una pequeña recordación del Rubio y significar que la primera sangre derramada fue cubana. Les salí al paso a una tendencia observada en la vanguardia a menospreciar a los cubanos y que había cristalizado ayer al manifestar el Camba que cada vez confiaba menos en los cubanos, a raíz de un incidente con Ricardo. Hice un nuevo llamado a la integración como única posibilidad de desarrollar nuestro ejército, que aumenta su poder de fuego y se foguea en combates, pero no ve aumentar su número, sino al contrario, disminuye en los últimos días.

Luego de guardar todo el botín en una cueva bien condicionada por el Ñato, salimos a las 14, con paso lento. Tan lento que casi no avanzamos, debiendo dormir en una pequeña aguada, apenas iniciado el camino.

Ahora los muertos confesos del ejército son 11; parece que encontraron algún otro o murió uno de los heridos. Inicié un cursillo sobre el libro de Debray.

Se ha descifrado parte de un mensaje, que no parece muy importante.

25 DE ABRIL, 1967

Día negro. A eso de las 10 de la mañana volvió Pombo del observatorio avisando que 30 guardias avanzaban hacia la casita. Antonio quedó en el observatorio. Mientras nos preparábamos llegó éste con la noticia de que eran 60 hombres y se aprestaban a seguir. El observatorio se mostraba ineficaz para su cometido de avisar con antelación. Resolvimos hacer una emboscada improvisada en el camino de acceso al campamento; a toda prisa, elegimos una pequeña recta que bordeaba el arroyo con una visibilidad de 50 ms. Allí me puse con Urbano y Miguel con el fusil automático; el Médico, Arturo y Raúl ocupaban la posición de la derecha para impedir todo intento de fuga o avance por ese lado; Rolando, Pombo, Antonio, Ricardo, Julio, Pablito, Darío, Willy, Luis, León ocupaban la posición lateral del otro lado del arroyo, para cogerlos completamente de flanco; Inti quedaba en el cauce, para atacar a los que retornaran a buscar refugio en el cauce; Ñato y Eustaquio iban a la observación con instrucciones de retirarse por atrás cuando se iniciara el fuego; el Chino permanecía en la retaguardia custodiando el campamento. Mis escasos efectivos se disminuían en 3 hombres, Pacho, perdido, Tuma, y Luis buscándolo.

Al poco rato apareció la vanguardia que para nuestra sorpresa estaba integrada por 3 pastores alemanes con su guía. Los animales estaban inquietos pero no me pareció que nos hubieran delatado; sin embargo, siguieron avanzando y tiré sobre el primer perro, errando el tiro, cuando iba a darle al guía, se encasquilló el M-2. Miguel mató otro perro, según pude ver sin confirmar, y nadie más entró a la emboscada. Sobre el flanco del Ejército comenzó un fuego intermitente. Al producirse un alto mandé a Urbano para que ordenara la retirada pero vino con la noticia de que Rolando estaba herido; lo trajeron al poco rato ya exangüe y murió cuando se empezaba a pasarle plasma. Un balazo le había partido el fémur y todo el paquete vásculonervioso; se fue en sangre antes de poder actuar. Hemos perdido el mejor hombre de la guerrilla, y naturalmente, uno de sus pilares, compañero mío desde que, siendo casi un niño, fue mensajero de la columna 4, hasta la invasión y esta nueva aventura revolucionaria; de su muerte oscura sólo cabe decir, para un hipotético futuro que pudiera cristalizar: «Tu cadáver pequeño de capitán valiente ha extendido en lo inmenso su metálica forma.»

El resto fue la lenta operación de la retirada, salvando todas las cosas y el cadáver de Rolando (San Luis). Pacho se incorporó más tarde: se había equivocado y alcanzó a Coco, tomándole la noche el regreso. A las 3 enterramos el cadáver bajo una débil capa de tierra. A las 16 llegaron Benigno y Aniceto informando que habían caído en una emboscada (más bien un choque) del Ejército, perdiendo las mochilas pero saliendo indemnes. Esto sucedió cuando, según cálculos de Benigno, faltaba poco para llegar al Ñacahuazú. Ahora tenemos las dos salidas naturales bloqueadas y tendremos que «jugar montaña», ya que la salida al Río Grande no es oportuna, por la doble razón de ser natural y de alejarnos de Joaquín, de quien no tenemos noticias. Por la noche llegamos a la confluencia de los dos caminos, el de Ñacahuazú y el de Río Grande donde dormimos. Aquí esperaremos a Coco y Camba para concentrar toda nuestra tropita. El balance de la operación es altamente negativo: muere Rolando, pero no sólo eso; las bajas que le hicimos al Ejército no deben pasar de dos y el perro, a todo tirar, pues la posición no estaba estudiada ni preparada y los tiradores no veían el enemigo. Por último, la observación era muy mala, lo que nos impidió prepararnos con tiempo.

Un helicóptero descendió dos veces en la casita del cura; no se

sabe si a retirar algún herido y la aviación bombardeó nuestras
antiguas posiciones, lo que indica que no avanzaron nada.

RESUMEN DEL MES (ABRIL 1967)

Las cosas se presentan dentro de lo normal, aunque debemos
lamentar dos severas pérdidas: Rubio y Rolando; la muerte de
este último es un severo golpe, pues lo pensaba dejar a cargo del
eventual segundo frente. Tenemos cuatro acciones más, todas
ellas con resultados positivos en general y una muy buena; la
emboscada en que murió el Rubio.

En otro plano, el aislamiento sigue siendo total; las enfer-
medades han minado la salud de algunos compañeros, obligándonos a dividir fuerzas, lo que nos ha quitado mucha efectividad;
todavía no hemos podido hacer contacto con Joaquín; la base
campesina sigue sin desarrollarse; aunque parece que mediante el
terror planificado, lograremos la neutralidad de los más, el apoyo
vendrá después. No se ha producido una sola incorporación y
aparte de los muertos, hemos tenido la baja del Loro, desaparecido
luego de la acción de Taperillas.

De los puntos anotados sobre la estrategia militar, se puede
recalcar: a) los controles no han podido ser eficaces hasta ahora y
nos causan molestias pero nos permiten movernos, dada su poca
movilidad y su debilidad; además, luego de la última emboscada
contra los perros y el instructor es de presumir que se cuidarán
mucho de entrar en el monte; b) el clamoreo sigue, pero ahora
por ambas partes y luego de la publicación en La Habana de mi
artículo, no debe haber duda de mi presencia aquí.

Parece seguro que los norteamericanos intervendrán fuerte
aquí y ya están mandando helicópteros y, parece, boinas verdes,
aunque no se han visto por aquí; c) el Ejército (por lo menos una
compañía o dos) ha mejorado su técnica; nos sorprendieron en

Taperillas y no se desmoralizaron en el Mesón; d) la movilización campesina es inexistente, salvo en las tareas de información que molestan algo; pero no son muy rápidas ni eficientes; las podremos anular.

El estatus del Chino ha cambiado y será combatiente hasta la formación de un segundo o tercer frente. Dantón y Carlos cayeron víctimas de su apuro, casi desesperación, por salir y de mi falta de energía para impedírselos, de modo que también se cortan las comunicaciones con Cuba (Dantón) y se pierde el esquema de acción en la Argentina (Carlos).

En resumen: Un mes en que todo se ha resuelto dentro de lo normal, considerando las eventualidades necesarias de la guerrilla. La moral es buena en todos los combatientes que habían aprobado su examen preliminar de guerrilleros.

8 DE MAYO, 1967

Insistí desde temprano en que se hicieran los arreglos de las cuevas y se bajara la otra lata de manteca para ir rellenando botellas, pues es todo lo que tenemos de comer. A eso de las 10.30 se oyeron disparos aislados en la emboscada; dos soldados desarmados venían Ñacahuazú arriba. Pacho creyó que era una vanguardia y los hirió en una pierna y a sedal en el vientre. Se les dijo que se había disparado porque no se pararon ante el alto, ellos, naturalmente no oyeron nada.

La emboscada estuvo mal coordinada y la actuación de Pacho no fue buena; muy nervioso. Se mejoró enviando a Antonio y algunos más al lado derecho. Las declaraciones de los soldados establecen que están situados cerca del Iquira, pero en realidad mentían. A las 12 se capturaron dos que venían a toda carrera Ñacahuazú abajo, declarando que venían rápido porque habían salido a cazar y al volver, por el Iquira, se encontraron con que la compañía había desaparecido y salieron en su búsqueda; también mentían; en realidad, estaban acampados en el llano de cazar y se escapaban a buscar comida a nuestra finca porque el helicóptero no venía a abastecerlos. A los dos primeros se les capturaron cargas de maíz tostado y crudo y 4 latas de cebolla, más azúcar y café; nos resolvieron el problema del día con auxilio de la manteca que comimos en grandes cantidades; algunos se enfermaron.

Más tarde informó la posta de repetidas exploraciones de guardias que llegaban a la esquina del río y volvían. Todo el mundo estaba en tensión cuando llegaron, al parecer 27 guardias. Habían visto algo raro y el grupo comandado por el subteniente Laredo [90] avanzó; él mismo inició el fuego y cayó muerto en el acto, junto con dos reclutas más. Ya caía la noche y los nuestros avanzaron capturando 6 soldados; el resto se retiró.

El resultado total arroja: 3 muertos y 10 prisioneros, dos de ellos heridos; 7 M-1 y 4 máusers, equipo personal, parque y un poco de comida que nos sirvió junto con la manteca, para mitigar el hambre. Dormimos allí.

9 DE MAYO, 1967

Nos levantamos a las 4 (yo no dormí) y liberamos a los soldados, previa charla. Se les quitaron los zapatos, se les cambió la ropa y a los mentirosos se les envió en calzoncillos. Partieron hacia la finquita llevando al herido. A las 6.30 completamos la retirada rumbo al Arroyo de los Monos por el camino de la cueva, donde guardamos el botín.

Sólo nos queda la manteca como alimento, me sentía desfallecer y debí dormir 2 horas para poder seguir a paso lento y vacilante; la marcha en general se hizo así. Comimos sopa de manteca en la primera aguada. La gente está débil y ya habemos varios con edema. Por la noche, el ejército dio el parte de la acción nombrando a sus muertos y heridos, pero no a sus prisioneros y anuncia grandes combates con fuertes pérdidas por nuestra parte.

RESUMEN DEL MES (MAYO 1967)

El punto negativo es la imposibilidad de hacer contacto con Joaquín, pese a nuestro peregrinar por las serranías. Hay indicios de que éste se ha movido hacia el norte.

Desde el punto de vista militar, tres nuevos combates, causándole bajas al Ejército y sin sufrir ninguna, además de las penetraciones en Pirirenda y Caraguatarenda, indican el buen éxito. Los perros se han declarado incompetentes y son retirados de la circulación.

Las características más importantes son:

1°) Falta total de contacto con Manila, La Paz, y Joaquín, lo que nos reduce a los 25 hombres que constituyen el grupo.

2°) Falta completa de incorporación campesina, aunque nos van perdiendo el miedo y se logra la admiración de los campesinos. Es una tarea lenta y paciente.

3°) El partido, a través de Kolle, ofrece su colaboración, al parecer, sin reservas.

4°) El clamoreo del caso Debray ha dado más beligerancia a nuestro movimiento que 10 combates victoriosos.

5°) La guerrilla va adquiriendo una moral prepotente y segura que, bien administrada, es una garantía de éxito.

6°) El Ejército sigue sin organizarse y su técnica no mejora substancialmente.

Noticia del mes: el apresamiento y fuga del Loro, que ahora deberá incorporarse o dirigirse a La Paz a hacer contacto.

El Ejército dio el parte de la detención de todos los campesinos que colaboraron con nosotros en la zona de Masicuri: ahora viene una etapa en la que el terror sobre los campesinos se ejercerá desde ambas partes, aunque con calidades diferentes; nuestro triunfo significará el cambio cualitativo necesario para su salto en el desarrollo.

14 DE JUNIO, 1967

Celita (4?).

Pasamos el día en la Aguada Fría, al lado del fuego, esperando noticias de Miguel y Urbano que eran los chaqueadores. El plazo para moverse era hasta las 15 horas, pero Urbano llegó pasada esa hora a avisar que se había llegado a un arroyo y que se veían piquetes, por lo que creía que podría llegar al Río Grande. Nos quedamos en el lugar, comiéndonos el último potaje, no queda más que una ración de maní y 3 de mote.

He llegado a los 39 y se acerca inexorablemente una edad que da que pensar sobre mi futuro guerrillero; por ahora estoy «entero».

h-840.

26 DE JUNIO, 1967

Día negro para mí. Parecía que todo transcurriría tranquilamente y había mandado 5 hombres a reemplazar a los emboscados en el camino de Florida, cuando se oyeron disparos. Fuimos rápidamente en los caballos y nos encontramos con un espectáculo extraño: en medio de un silencio total, yacían al sol cuatro cadáveres de soldaditos, sobre la arena del río. No podíamos tomarles las armas por desconocer la posición del enemigo; eran las 17 horas y esperábamos la noche para efectuar el rescate: Miguel mandó a avisar que se oían ruidos de gajos partidos hacia su izquierda;

fueron Antonio y Pacho pero di orden de no tirar sin ver. Casi inmediatamente se oyó un tiroteo que se generalizó por ambas partes y di orden de retirada, ya que llevábamos las de perder en esas condiciones. La retirada se demoró y llegó la noticia de dos heridos: Pombo, en una pierna y Tuma en el vientre. Los llevamos rápidamente a la casa para operarlos con lo que hubiera. La herida de Pombo es superficial y sólo traerá dolores de cabeza su falta de movilidad, la de Tuma le había destrozado el hígado y producido perforaciones intestinales; murió en la operación. Con él se me fue un compañero inseparable de todos los últimos años, de una fidelidad a toda prueba y cuya ausencia siento desde ahora casi como la de un hijo. Al caer pidió que se me entregara el reloj, y como no lo hicieron para atenderlo, se lo quitó y se lo dio a Arturo. Ese gesto revela la voluntad de que fuera entregado al hijo que no conoció, como había hecho yo con los relojes de los compañeros muertos anteriormente. Lo llevaré toda la guerra. Cargamos el cadáver en un animal, y lo llevamos para enterrarlo lejos de allí.

Se tomaron prisioneros dos nuevos espías; un teniente de carabineros y un carabinero. Se les leyó la cartilla y fueron dejados en libertad, en calzoncillos solamente, debido a una mala interpretación de mi orden, en el sentido de que fueran despojados de todo lo que sirviera. Salimos con 9 caballos.

ANÁLISIS DEL MES (JUNIO 1967)

Los puntos negativos son: la imposibilidad de hacer contacto con Joaquín y la pérdida gradual de hombres, cada uno de los cuales constituye una derrota grave, aunque el Ejército no lo sepa. Hemos tenido dos pequeños combates en el mes, ocasionándole al Ejército 4 muertos y 3 heridos, a guiarse por sus propias informaciones.

Las características más importantes son:

1º) Sigue la falta total de contactos, lo que nos reduce ahora a los 24 hombres que somos, con Pombo herido y la movilidad reducida.

2º) Sigue sintiéndose la falta de incorporación campesina. Es un círculo vicioso: para lograr esa incorporación necesitamos ejercer nuestra acción permanente en un territorio poblado y para ello necesitamos más hombres.

3º) La leyenda de la guerrilla crece como espuma; ya somos los superhombres invencibles.

4º) La falta de contacto se extiende al partido, aunque hemos hecho una tentativa a través de Paulino que puede dar resultado.

5º) Debray sigue siendo noticia pero ahora está relacionado con mi caso, apareciendo yo como jefe de este movimiento. Veremos el resultado de este paso del gobierno y si es positivo o negativo para nosotros.

6º) La moral de la guerrilla sigue firme y su decisión de lucha aumenta. Todos los cubanos son ejemplo en el combate y sólo hay dos o tres bolivianos flojos.

7º) El Ejército sigue nulo en su tarea militar, pero está haciendo un trabajo campesino que no debemos descuidar, pues transforma en chivatos a todos los miembros de una comunidad, ya sea por miedo o por engaños sobre nuestros fines.

8º) La masacre en las minas aclara mucho el panorama para nosotros y, si la proclama puede difundirse, será un gran factor de esclarecimiento.

Nuestra tarea más urgente es restablecer el contacto con La Paz y reabastecernos de equipo militar y médico y lograr la incorporación de unos 50-100 hombres de la ciudad, aunque la cifra de los combatientes se reduzca en la acción a unos 10-25.

5 DE JULIO, 1967

Toda la zona, las familias, con sus enseres se movilizó para escapar a las represalias del Ejército. Caminamos entreverados con bueyes, chanchos, gallinas y personas hasta Lagunillas, apartando el río de la Piojera y tomando su afluente, el Lagunillas durante un kilómetro. Nos sirvió de guía un campesino infelizote, de nombre Ramón, cuya familia tiene el miedo proverbial en esta zona. Dormimos a la vera del camino, en el trayecto nos cruzamos con un tío de Sandoval Morón, que vive en San Luis y parece mucho más despierto.

h-1,160.

30 DE JULIO, 1967

El asma me apuró bastante y estuve toda la noche despierto. A las 4.30, cuando Moro estaba haciendo el café, avisó que veía una linterna cruzando el río, Miguel, que estaba despierto por hacer cambio de posta, y Moro fueron a detener a los caminantes. Desde la cocina oí el diálogo así: Oiga, ¿quién es?

Destacamento Trinidad. Allí mismo la balacera. Enseguida Miguel traía un M-1 y una canana de un herido y la noticia de que eran 21 hombres en camino hacia Abapó y en Moroco había 150. Se les hicieron otras bajas no muy bien precisadas en la confusión reinante. Los caballos tardaron mucho en ser cargados y el Negro se perdió con el hacha y un mortero que se le había ocupado al enemigo. Ya eran cerca de las 6 y todavía se perdió más tiempo porque se cayeron algunas cargas. Resultado final fue que ya en los últimos cruces estábamos bajo el fuego de los soldaditos quienes se envalentonaron. La hermana de Paulino estaba en su chaco y con gran tranquilidad, nos recibió, informando que todos los hombres de Moroco habían sido apresados y estaban en La Paz.

Apuré a la gente y pasé con Pombo, nuevamente bajo el fuego, el cañón del río donde se acaba el camino y por ende, se puede organizar la resistencia. Mandé a Miguel con Coco y Julio a que tomaran la delantera mientras yo espoleaba la caballería. Cubriendo la retirada quedaban siete hombres de la vanguardia, cuatro de la retaguardia y Ricardo, que se rezagó para reforzar la defensa. Benigno, con Darío, Pablo y Camba, estaba en la margen derecha; el resto venía por la izquierda. Acababa de dar la orden de descanso, en la primera posición aceptable, cuando llegó Camba con la noticia de que habían caído Ricardo y Aniceto, cruzando el río; envié a Urbano con el Ñato y León con dos caballos y mandé a buscar a Miguel y Julio, dejando a Coco de posta hacia delante. Estos pasaron sin recibir instrucciones mías y, a poco, Camba de nuevo con la noticia de que los habían sorprendido junto con Miguel y Julio que habían avanzado mucho los soldados y que aquél había retrocedido y esperaba instrucciones. Le reenvié al Camba más Eustaquio y quedamos sólo Inti, Pombo, Chino y yo. A las 13 mandé a buscar a Miguel dejando a Julio de posta adelantada y me retiré con el grupo de hombres y los caballos. Cuando llegaba a la altura de la posta de Coco, nos alcanzaron con la noticia de que habían aparecido todos los sobrevivientes, Raúl estaba muerto y Ricardo y Pacho heridos. Las cosas sucedieron así: Ricardo y Aniceto cruzaron imprudentemente por el limpio e hirieron al primero. Antonio organizó una línea de fuego y entre Arturo, Aniceto y Pacho lo rescataron, pero hirieron a Pacho y mataron a Raúl de un balazo en la boca. La retirada se hizo dificultosamente, arrastrando a los dos heridos y con poca colaboración de Willy y Chapaco, sobre todo de este último. Luego se le juntaron Urbano y su grupo con los caballos y Benigno con su gente, dejando desguarnecida la otra ala por la que avanzaron sorprendiendo a Miguel. Tras una penosa marcha por el monte, salieron al río y se nos unieron. Pacho venía a caballo, pero Ricardo no podía montar y hubo que traerlo en hamaca. Envié a Miguel, con Pablito, Darío, Coco y Aniceto a que tomara la desembocadura del primer arroyo, en la margen derecha, mientras nosotros curábamos los heridos. Pacho tiene una herida superficial que le atraviesa las nalgas y la piel de los testículos, pero Ricardo estaba muy grave y el último plasma se había perdido en la mochila de Willy. A las 22 murió Ricardo y lo enterramos cerca del río, en un lugar bien oculto, para que no lo localicen los guardias.

31 DE JULIO, 1967

A las 4 salimos por el río y, luego de cruzar un atajo, nos largamos río abajo sin dejar huellas, llegando por la mañana al arroyo donde estaba emboscado Miguel que no había entendido la orden y dejó huellas. Caminamos río arriba unos 4 kilómetros y nos metimos al monte, borrando huellas de nuestro paso y acampando cerca de un afluente del arroyo. Por la noche expliqué los errores de la acción: 1° Mal situado el campamento; 2° mal uso del tiempo, lo que les permitió tirotearnos; 3° exceso de confianza que hace caer a Ricardo y luego a Raúl en el rescate; 4° falta de decisión para salvar toda la impedimenta. Se pierden 11 mochilas con medicamentos, prismáticos y algunos útiles conflictivos, como la grabadora en que se copian los mensajes de Manila, el libro de Debray anotado por mí y un libro de Trotsky, sin contar el caudal político que significa para el gobierno esa captura y la confianza que le da a los soldados. Calculamos unos dos muertos y hasta cinco heridos de ellos, pero hay dos noticias contradictorias: una, del ejército, reconociendo cuatro muertos y cuatro heridos el día 28, y otra de Chile, habla de seis heridos y tres muertos del 30. El Ejército da después otro parte en que anuncia la toma de un cadáver y que un subteniente está fuera de peligro. De nuestros muertos, Raúl no puede ser casi catalogado, dada su introspección; era poco combativo y poco trabajador, pero se le notaba constantemente interesado en problemas políticos, aunque no hacía nunca preguntas. Ricardo era el más indisciplinado del grupo cubano y el que menos decisión tenía frente al sacrificio cotidiano pero era un extraordinario combatiente y un viejo compañero de aventuras en el primer fracaso de Segundo, en el Congo y ahora aquí. Es otra pérdida sensible por su calidad. Somos 22, entre ellos, dos heridos, Pacho y Pombo, y yo, con el asma a todo vapor.

ANÁLISIS DEL MES (JULIO 1967)

Se mantienen los puntos negativos del mes anterior, a saber: imposibilidad de contacto con Joaquín y con el exterior y la pérdida de hombres, ahora somos 22, con 3 baldados, incluyéndome a mí, lo que disminuye la movilidad. Hemos tenido 3 encuentros, incluyendo la toma de Samaipata, ocasionándole al Ejército unos 7 muertos y 10 heridos, cifras aproximadas de acuerdo con partes confusos. Nosotros perdimos dos hombres y un herido.

Las características más importantes son:

1°) Sigue la falta total de contacto.
2°) Sigue sintiéndose la falta de incorporación campesina aunque hay algunos síntomas alentadores en la recepción que nos hicieron viejos conocidos campesinos.
3°) La leyenda de las guerrillas adquiere dimensiones continentales; Onganía cierra fronteras y el Perú toma precauciones.
4°) Fracasó la tentativa de contacto a través de Paulino.
5°) La moral y experiencia de lucha de la guerrilla aumenta en cada combate: quedan flojos Camba y Chapaco.
6°) El ejército sigue sin dar pie con bola, pero hay unidades que parecen más combativas.

7°) La crisis política se acentúa en el gobierno, pero E.U. está dando pequeños créditos que son una gran ayuda a nivel boliviano con lo que atempera el descontento.

Las tareas más urgentes son:
Restablecer los contactos, incorporar combatientes y lograr medicinas.

8 DE AGOSTO, 1967

Caminamos algo así como una hora efectiva, que para mí fueron dos por el cansancio de la yegüita; en una de ésas, le metí un cuchillazo en el cuello abriéndole una buena herida. El nuevo campamento debe ser el último con agua hasta la llegada al Rosita o al Río Grande; los macheteros están a 40 minutos de aquí (2-3 kms.). Designé un grupo de 8 hombres para cumplir la siguiente misión: Salen mañana de aquí, caminando todo el día; al día siguiente, Camba retorna con las noticias de lo que hay; al otro día, retornan Pablito y Darío con las noticias de ese día; los 5 restantes siguen hasta la casa de Vargas y allí retornan Coco y Aniceto con la noticia de cómo está la cosa; Benigno, Julio y el Ñato siguen el Ñacahuazú para buscar medicinas mías. Deben ir con mucho cuidado para evitar emboscadas; nosotros los seguiremos y los puntos de reunión son: la casa de Vargas o más arriba, según nuestra velocidad, el arroyo que está frente a la cueva en el Río Grande, el Masicuri (Honorato) o el Ñacahuazú. Hay una noticia del ejército en el sentido de haber descubierto un depósito de armas en uno de nuestros campamentos.

Por la noche reuní a todo el mundo haciéndole la siguiente descarga: Estamos en una situación difícil; el Pacho se recupera pero yo soy una piltrafa humana y el episodio de la yegüita prueba que en algunos momentos he llegado a perder el control;

eso se modificará pero la situación debe pesar exactamente sobre todos y quien no se sienta capaz de sobrellevarla debe decirlo. Es uno de los momentos en que hay que tomar decisiones grandes; este tipo de lucha nos da la oportunidad de convertirnos en revolucionarios, el escalón más alto de la especie humana, pero también nos permite graduarnos de hombres; los que no puedan alcanzar ninguno de estos dos estadios deben decirlo y dejar la lucha. Todos los cubanos y algunos bolivianos plantearon seguir hasta el final; Eustaquio hizo lo mismo pero planteó una crítica a Muganga por llevar su mochila en el mulo y no cargar leña, lo que provocó una respuesta airada de éste, Julio fustigó a Moro y a Pacho por parecidas circunstancias y una nueva respuesta airada, esta vez de Pacho. Cerré la discusión diciendo que aquí se debatían dos cosas de muy distinta jerarquía: una era si se estaba o no dispuesto a seguir; la otra era de pequeñas rencillas o problemas internos de la guerrilla lo que le quitaba grandeza a la decisión mayor. No me gustaba el planteamiento de Eustaquio y Julio pero tampoco la respuesta de Moro y Pacho, en definitiva, tenemos que ser más revolucionarios y ser ejemplo.

29 DE AGOSTO, 1967

Día pesado y bastante angustioso. Los macheteros avanzaron muy poco y en una oportunidad equivocaron la ruta creyendo ir hacia el Masicuri. Hicimos campamento a 1,600 ms. de altura, en un lugar relativamente húmedo que tiene una cañita cuya pulpa mitiga la sed. Algunos compañeros: Chapaco, Eustaquio, Chino, se están desmoronando por falta de agua. Mañana habrá que enderezar adonde ésta se vea más cerca. Los muleros aguantan bastante bien.

Por la radio no hubo grandes noticias; lo más es el juicio de Debray que se prolonga de una semana a otra.

RESUMEN DEL MES (AGOSTO, 1967)

Fue, sin lugar a dudas, el mes más malo que hemos tenido en lo que va de guerra. La pérdida de todas las cuevas con sus documentos y medicamentos fue un golpe duro, sobre todo sicológico. La pérdida de 2 hombres en las postrimerías del mes y la subsiguiente marcha a carne de caballo desmoralizó a la gente, planteándose el primer caso de abandono, el Camba, lo que no constituye sino una ganancia neta, pero no en esta circunstancia. La falta de contacto con el exterior y con Joaquín y el hecho de que prisioneros hechos a éste hayan hablado, también desmoralizó un poco a la tropa. Mi enfermedad sembró la incertidumbre en varios más y todo esto se reflejó en nuestro único encuentro, en que debíamos haber causado varias bajas al enemigo y sólo le hicimos un herido. Por otra parte la difícil marcha por las lomas sin agua, hizo salir a flote algunos rasgos negativos de la gente.

Las características más importantes:

1°) Seguimos sin contacto de ninguna especie y sin razonable esperanza de establecerlo en fecha próxima.

2°) Seguimos sin incorporación campesina, cosa lógica además si se tiene en cuenta el poco trato que hemos tenido con éstos en los últimos tiempos.

3°) Hay un decaimiento, espero que momentáneo, de la moral combativa.

4°) El Ejército no aumenta su efectividad ni acometividad.

Estamos en un momento de baja de nuestra moral y de nuestra leyenda revolucionaria. Las tareas más urgentes siguen siendo las mismas del mes pasado, a saber: Reestablecer los contactos, incorporar combatientes, abastecernos de medicina y equipo.

Hay que considerar que despuntan cada vez más firmemente como cuadros revolucionarios y militares Inti y Coco.

7 DE SEPTIEMBRE, 1967

Camino corto. Sólo se cruzó un vado y luego se tropezó con dificultades por la faralla, decidiendo Miguel acampar para esperarlos. Mañana haremos exploraciones buenas. La situación es ésta: la aviación no nos busca por aquí a pesar de haber llegado al campamento y la radio informa incluso que yo soy el jefe del grupo. El interrogante es: ¿tienen miedo? Poco probable; ¿consideran imposible el paso hacia arriba? Con la experiencia de lo que hemos hecho y ellos conocen, no lo creo; ¿nos quieren dejar avanzar para esperarnos en algún punto estratégico? Es posible; ¿creen que insistiremos en la zona de Masicuri para abastecernos? También es posible. El Médico está mucho mejor, pero yo vuelvo a recaer y paso la noche en blanco.

La radio trae la noticia de las valiosas informaciones suministradas por José Carrillo (Paco); habría que hacer escarmiento con él.

Debray se refiere a las imputaciones de Paco contra él, diciendo que a veces cazaba, por eso lo han podido ver con fusil. Radio la Cruz del Sur anuncia el hallazgo del cadáver de Tania la guerrillera en las márgenes del Río Grande; es una noticia que no tiene los visos de veracidad de la del Negro; el cadáver fue llevado a Santa Cruz, según informa esa emisora y sólo ella, no Altiplano.

h-720 m.

Hablé con Julio; está muy bien pero siente la falta de contacto y de incorporación de gente.

8 DE SEPTIEMBRE, 1967

Día tranquilo. Se hicieron emboscadas de 8 hombres desde la mañana hasta la noche, a cargo de Antonio y Pombo. Los animales comieron bien en un chuchial[1] y el mulo se está reponiendo de sus

golpes. Aniceto y Chapaco fueron a explorar río arriba y volvieron
con la noticia de que estaba relativamente bueno el camino para
los animales; Coco y Camba cruzaron el río con el agua al pecho
y subieron una loma enfrente pero sin arrojar resultado para la
información. Mandé a Miguel con Aniceto y el resultado de una
exploración más prolongada es que, según Miguel, será muy difícil
pasar los animales. Para mañana insistiremos por esta banda, pues
siempre existe la posibilidad de que los animales pasen vacíos y
por el agua.

La radio trajo la información de que Barrientos había asistido
a la inhumación de los restos de la guerrillera Tania a la que se
dio «cristiana sepultura» y luego estuvo en Puerto Mauricio, que
es la casa de Honorato; ha hecho una proposición a los bolivianos
engañados, a los que no se pagó el salario prometido, para que
se presenten con las manos en la frente a los puestos del Ejército
y no se tomarán medidas contra ellos. Un avioncito bombardeó
de Honorato hacia abajo, como para hacerle una demostración a
Barrientos.

Un diario de Budapest critica al Che Guevara, figura patética
y, al parecer irresponsable y saluda la actitud marxista del Partido
Chileno que toma actitudes prácticas frente a la práctica. Cómo
me gustaría llegar al poder, nada más que para desenmascarar
cobardes y lacayos de toda ralea y refregarles en el hocico sus
cochinadas.

26 DE SEPTIEMBRE, 1967

Derrota. Llegamos al alba a Picacho donde todo el mundo estaba
de fiesta y es el punto más alto que alcanzamos, 2,280 ms.; los
campesinos nos trataron muy bien y seguimos sin demasiados
temores, a pesar de que Ovando había asegurado mi captura de
un momento a otro. Al llegar a la Higuera, todo cambió; habían

desaparecido los hombres y sólo alguna que otra mujer había. Coco fue a casa del telegrafista, pues hay teléfono y trajo una comunicación del día 22 en el que el Subprefecto de Vallegrande comunica al corregidor que se tienen noticias de la presencia guerrillera en la zona y cualquier noticia debe comunicarse a V.G. donde pagarán los gastos; el hombre había huido, pero la mujer aseguró que hoy no se había hablado porque en el próximo pueblo, Jagüey, están de fiesta.

A las 13 salió la vanguardia para tratar de llegar a Jagüey y allí tomar una decisión sobre las mulas y el Médico; poco después estaba hablando con el único hombre del pueblo, muy asustado, cuando llegó un comerciante de coca, que decía venir de V.G. y Pucará y no había visto nada. También estaba muy nervioso pero lo atribuía a nuestra presencia, y dejé ir a los dos, a pesar de las mentiras que nos dijeron. Cuando salí hacia la cima de la loma, 13.30 aproximadamente, los disparos desde todo el firme anunciaron que los nuestros habían caído en una emboscada. Organicé la defensa en el pobladito, para esperar a los sobrevivientes y di como salida un camino que sale al Río Grande. A los pocos momentos llegaba Benigno herido y luego Aniceto y Pablito, con un pie en malas condiciones; Miguel, Coco y Julio habían caído y Camba desapareció dejando su mochila. Rápidamente la retaguardia avanzó por el camino y yo la seguí, llevando aún las dos mulas; los de atrás recibieron el fuego muy cerca y se retrasaron e Inti perdió contacto. Luego de esperarlo media hora en una emboscadita y de haber recibido más fuego desde la loma, decidimos dejarlo, pero al poco rato nos alcanzó. En ese momento vimos que León había desaparecido e Inti comunicó que había visto su mochila por el cañado por donde tuvo que salir; nosotros vimos un hombre que caminaba aceleradamente por un cañón y sacamos la conclusión de que era él. Para tratar de despistar, soltamos las mulas cañón abajo y nosotros seguimos por un cañoncito que luego tenía agua amarga, durmiendo a las 12, pues era imposible avanzar.

30 DE SEPTIEMBRE, 1967

Otro día de tensión. Por la mañana, Radio Balmaseda de Chile anunció que altas fuentes del Ejército manifestaron tener acorralado al Che Guevara en un cañón selvático. Las emisoras locales, en silencio; parece que puede ser una infidencia y tienen la certeza de nuestra presencia en la zona. Al poco rato comenzó el trasiego de soldados de uno a otro lado. A las 12 pasaron 40 en columnas separadas y arma en ristre y fueron a parar a la casita donde hicieron campamento y establecieron una vigilancia nerviosa. Aniceto y Pacho informaron de esto. Inti y Willy volvieron con la noticia de que el Río Grande estaba a unos 2 kms. en línea recta, hay tres casas por el cañón para arriba y se puede acampar en lugares donde no seríamos vistos de ningún lado. Se buscó agua y a las 22 iniciamos una fatigosa marcha nocturna demorada por el Chino que camina muy mal en la oscuridad. Benigno está muy bien, pero el Médico no se acaba de recuperar.

RESUMEN DEL MES (SEPTIEMBRE 1967)

Debiera ser un mes de recuperación y estuvo a punto de serlo, pero la emboscada en que cayeron Miguel, Coco y Julio malogró todo y luego hemos quedado en una posición peligrosa, perdiendo además a León; lo de Camba es ganancia neta.

Tuvimos pequeños encuentros en que matamos un caballo, matamos y herimos un soldado y Urbano se tiroteó con una patrulla y la nefasta emboscada de la Higuera. Ya dejamos las mulas y creo que en mucho tiempo no tendremos animales de ese tipo, salvo que vuelva a caer en un estado de mal asmático.

Por otra parte, parecen ser ciertas varias de las noticias sobre muertos del otro grupo al que se debe dar como liquidado, aunque es posible que deambule un grupito rehuyendo contacto con el Ejército, pues la noticia de la muerte conjunta de los 7 puede ser falsa o, por lo menos, exagerada.

Las características son las mismas del mes pasado, salvo que ahora sí el Ejército está mostrando más efectividad en su acción y la masa campesina no nos ayuda en nada y se convierten en delatores.

La tarea más importante es zafar y buscar zonas más propicias; luego los contactos, a pesar de que todo el aparato está desquiciado en La Paz donde también nos dieron duros golpes. La moral del resto de la gente se ha mantenido bastante bien, y sólo me quedan dudas de Willy, que tal vez aproveche algún zafarrancho para tratar de escapar solo si no se habla con él.

7 DE OCTUBRE, 1967

Se cumplieron los 11 meses de nuestra inauguración guerrillera sin complicaciones, bucólicamente; hasta las 12.30 hora en que una vieja, pastoreando sus chivas entró en el cañón en que habíamos acampado y hubo que apresarla. La mujer no ha dado ninguna noticia fidedigna sobre los soldados, contestando a todo que no sabe, que hace tiempo que no va por allí. Sólo dio información sobre los caminos; de resultados del informe de la vieja se desprende que estamos aproximadamente a una legua de Higueras y otra de Jagüey y unas 2 de Pucará. A las 17.30, Inti, Aniceto y Pablito fueron a casa de la vieja que tiene una hija postrada y una medio enana; se le dieron 50 pesos con el encargo de que no fuera a hablar ni una palabra, pero con pocas esperanzas de que cumpla a pesar de sus promesas.

Salimos los 17 con una luna muy pequeña y la marcha fue muy fatigosa y dejando mucho rastro por el cañón donde estábamos, que no tiene casas cerca, pero sí sembradíos de papa regados por acequias del mismo arroyo. A las 2 paramos a descansar, pues ya era inútil seguir avanzando. El Chino se convierte en una verdadera carga cuando hay que caminar de noche.

El Ejército dio una rara información sobre la presencia de 250 hombres en Serrano para impedir el paso de los cercados en número de 37 dando la zona de nuestro refugio entre el río Acero y el Oro.

La noticia parece diversionista.

h-2,000 m.

Tomado de: *El diario del Che en Bolivia* por Ernesto Che Guevara

«OTRA VEZ SIENTO BAJO MIS
TALONES EL COSTILLAR DE
ROCINANTE,
VUELVO AL CAMINO
CON MI ADARGA AL BRAZO.»

ERNESTO CHE GUEVARA

DESPEDIDAS

A FIDEL CASTRO 1965

Esta carta fue leída por Fidel Castro el 3 de octubre de 1965, ante una ceremonia pública para presentar el Comité Central del nuevo Partido Comunista de Cuba. En presencia de la esposa y los hijos de Guevara, Castro declaró: «voy a leer una carta, manuscrita y más tarde impresa por Ernesto Guevara, la cual se explica por sí misma... Leo a continuación: Habana—Está sin fecha, porque la carta iba a ser leída en el momento más oportuno, pero fue actualizada y enviada el 1ro de abril de este año». La lectura de esta carta fue la primera explicación pública de la ausencia de Guevara de Cuba.

La Habana

Fidel,

Me recuerdo en esta hora de muchas cosas, de cuando te conocí en casa de María Antonia, de cuando me propusiste venir, de toda la tensión de los preparativos.

Un día pasaron preguntando a quién se debía avisar en caso de muerte y la posibilidad real del hecho nos golpeó a todos. Después supimos que era cierto, que en una revolución se triunfa o se muere (si es verdadera). Muchos compañeros quedaron a lo largo del camino hacia la victoria.

Hoy todo tiene un tono menos dramático porque somos más maduros, pero el hecho se repite. Siento que he cumplido la parte de mi deber que me ataba a la Revolución cubana en su territorio y me despido de ti, de los compañeros, de tu pueblo que ya es mío.

Hago formal renuncia de mis cargos en la Dirección del Partido, de mi puesto de Ministro, de mi grado de Comandante, de mi condición de cubano. Nada legal me ata a Cuba, solo lazos de otra clase que no se pueden romper como los nombramientos.

Haciendo un recuento de mi vida pasada creo haber trabajado con suficiente honradez y dedicación para consolidar el triunfo revolucionario. Mi única falta de alguna gravedad es no haber confiado más en ti desde los primeros momentos de la Sierra Maestra y no haber comprendido con suficiente claridad tus cualidades de conductor y de revolucionario. He vivido días magníficos y sentí a tu lado el orgullo de pertenecer a nuestro pueblo en los días luminosos y tristes de la Crisis del Caribe.

Pocas veces brilló más alto un estadista que en esos días, me enorgullezco también de haberte seguido sin vacilaciones, identificado con tu manera de pensar y de ver y apreciar los peligros y los principios.

Otras tierras del mundo reclaman el concurso de mis modestos esfuerzos. Yo puedo hacer lo que te está negado por tu responsabilidad al frente de Cuba y llegó la hora de separarnos.

Sépase que lo hago con una mezcla de alegría y de dolor, aquí dejo lo más puro de mis esperanzas de constructor y lo más querido entre mis seres queridos... y dejo un pueblo que me admitió como un hijo; eso lacera una parte de mi espíritu. En los nuevos campos de batalla llevaré la fe que me inculcaste, el espíritu revolucionario de mi pueblo, la sensación de cumplir con el más sagrado de los deberes: luchar contra el imperialismo donde quiera que esté; esto reconforta y cura con creces cualquier desgarradura.

Digo una vez más que libero a Cuba de cualquier responsabilidad, salvo la que emane de su ejemplo. Que si me llega la hora definitiva bajo otros cielos, mi último pensamiento será para este pueblo y especialmente para ti. Que te doy las gracias por tus enseñanzas y tu ejemplo al que trataré de ser fiel hasta las últimas consecuencias de mis actos. Que he estado identificado siempre con la política exterior de nuestra Revolución y lo sigo estando. Que en dondequiera que me pare sentiré la responsabilidad de ser revolucionario cubano, y como tal actuaré. Que no dejo a mis hijos y mi mujer nada material y no me apena: me alegra que así sea. Que no pido nada para ellos pues el Estado les dará lo suficiente para vivir y educarse.

Tendría muchas cosas que decirte a ti y a nuestro pueblo, pero siento que son innecesarias, las palabras no pueden expresar lo que yo quisiera, y no vale la pena emborronar cuartillas.

Hasta la victoria siempre. ¡Patria o Muerte!

Te abraza con todo fervor revolucionario

Che

A MIS PADRES 1965

Queridos viejos:

Otra vez siento bajo mis talones el costillar de Rocinante, vuelvo al camino con mi adarga al brazo.

Hace de esto casi diez años, les escribí otra carta de despedida. Según recuerdo, me lamentaba de no ser mejor soldado y mejor médico; lo segundo ya no me interesa, soldado no soy tan malo.

Nada ha cambiado en esencia, salvo que soy mucho más consciente, mi marxismo está enraizado y depurado. Creo en la lucha armada como única solución para los pueblos que luchan por liberarse y soy consecuente con mis creencias. Muchos me dirán aventurero, y lo soy, solo que de un tipo diferente y de los que ponen el pellejo para demostrar sus verdades.

Puede ser que ésta sea la definitiva. No lo busco pero está dentro del cálculo lógico de probabilidades. Si es así, va un último abrazo.

Los he querido mucho, solo que no he sabido expresar mi cariño, soy extremadamente rígido en mis acciones y creo que a veces no me entendieron. No era fácil entenderme, por otra parte, créanme, solamente, hoy.

Ahora, una voluntad que he pulido con delectación de artista, sostendrá unas piernas flácidas y unos pulmones cansados. Lo haré.

Acuérdense de vez en cuando de este pequeño condotieri del siglo XX. Un beso a Celia, a Roberto, Juan Martín y Patotín, a Beatriz, a todos. Un gran abrazo de hijo pródigo y recalcitrante para ustedes.

Ernesto.

A MIS HIJOS 1965

Queridos Hildita, Aleidita, Camilo, Celia y Ernesto:

Si alguna vez tienen que leer esta carta, será porque yo no esté entre ustedes. Casi no se acordarán de mí y los más chiquitos no recordarán nada.

Su padre ha sido un hombre que actúa como piensa y, seguro, ha sido leal a sus convicciones.

Crezcan como buenos revolucionarios. Estudien mucho para poder dominar la técnica que permite dominar la naturaleza. Acuérdense que la Revolución es lo importante y que cada uno de nosotros, solo, no vale nada.

Sobre todo, sean siempre capaces de sentir en lo más hondo cualquier injusticia cometida contra cualquiera en cualquier parte del mundo. Es la cualidad más linda de un revolucionario.

Hasta siempre hijitos, espero verlos todavía. Un beso grandote y un gran abrazo de

Papá.

A MIS HIJOS
DESDE ALGÚN LUGAR DE BOLIVIA, 1966

Mis queridos Aliusha, Camilo, Celita y Tatico:

Les escribo desde muy lejos y muy aprisa, de modo que no les voy a poder contar mis nuevas aventuras. Es una lástima porque están interesantes y Pepe el Caimán me ha presentado muchos amigos. Otra vez lo haré.

Ahora quería decirles que los quiero mucho y los recuerdo siempre, junto con mamá, aunque a los más chiquitos casi los conozco por fotografías porque eran muy pequeñines cuando me fui. Pronto yo me voy a sacar una foto para que me conozcan como estoy ahora, un poco más viejo y feo.

Esta carta va a llegar cuando Aliusha cumpla seis años, así que servirá para felicitarla y desearle que los cumpla muy feliz.

Aliusha, debes ser bastante estudiosa y ayudar a tu mamá en todo lo que puedas. Acuérdate que eres la mayor.

Tú, Camilo, debes decir menos malas palabras, en la escuela no se puede decirlas y hay que acostumbrarse a usarlas donde se pueda.

Celita, ayuda siempre a tu abuelita en las tareas de la casa y sigue siendo tan simpática como cuando nos despedimos ¿te acuerdas? A que no.

Tatico, tú crece y hazte hombre que después veremos qué se hace. Si hay imperialismo todavía salimos a pelearlo, si eso se acaba, tú, Camilo y yo podemos irnos de vacaciones a la Luna.

Denle un beso de parte mía a los abuelos, a Myriam y su cría, a Estela y Carmita y reciban un beso del tamaño de un elefante, de

Papá.

Nota al margen:

A Hildita, [la hija mayor del Che] otro beso del tamaño de un elefante y díganle que le escribiré pronto, ahora no me queda tiempo.

Cartas tomado de: *Che Guevara Presente: Una antología mínima* por Ernesto Che Guevara

OTROS LIBROS POR
ERNESTO CHE GUEVARA

Estos libros forman parte de una serie que las editoriales Ocean Press, Ocean Sur y el Centro de Estudios Che Guevara publican con el objetivo de dar a conocer el pensamiento y la obra del Che.

CHE GUEVARA PRESENTE

CHE DESDE LA MEMORIA: LOS DEJO AHORA CONMIGO MISMO: EL QUE FUI

NOTAS DE VIAJE

PASAJES DE LA GUERRA REVOLUCIONARIA

EL DIARIO DEL CHE EN BOLIVIA

GUERRA DE GUERRILLAS

AMÉRICA LATINA: DESPERTAD DE UN CONTINENTE

PUNTA DEL ESTE

JUSTICIA GLOBAL

APUNTES CRÍTICOS A LA ECONOMÍA POLÍTICA

MARX Y ENGELS: UNA SÍNTESIS BIOGRÁFICA

OTRA VEZ

PASAJES DE LA GUERRA REVOLUCIONARIA: CONGO

Éstos títulos también han sido publicados en inglés por Ocean Press

www.oceanbooks.com.au
www.oceansur.com

OTRA VEZ

Diario del segundo viaje por Latinoamerica

Ernesto Che Guevara

Graduado ya de Medicina, Ernesto Guevara emprende un segundo viaje por Latinoamérica que cambió su vida para siempre. Texto sugerente y lleno de claves que nos permiten entender la vida y obra del Che, en su búsqueda del camino hacia la revolución, la consolidación de su gran amor por la humanidad y su inmensa estatura moral.

200PP + 32PP FOTOS I ISBN 978-1-920888-78-7

PASAJES DE LA GUERRA REVOLUCIONARIA: CONGO

Ernesto Che Guevara

La participación del Che en la guerrilla congolesa, resulta expresión de una práctica internacionalista consecuente con sus tesis liberadoras tercermundistas; en sus propias palabras, era "parte de una idea de luchas que estaba totalmente organizada en mi cerebro". Se entrelazan, en estas páginas, la descripción de los hechos vinculados a esta experiencia local, con los análisis desde una perspectiva mundial.

273 páginas I ISBN 978-1-920888-79-4

EL GRAN DEBATE

Sobre la economía en Cuba

Ernesto Che Guevara

Libro que rescata la histórica polémica producida en Cuba entre 1963 y 1964 sobre la conducción de la economía tras el triunfo revolucionario. Los profundos y lúcidos análisis del Che Guevara sobresalen en este enriquecedor debate, centrado en la elección de una política económica en el país y en las medidas inherentes a la transición socialista..

370 páginas I ISBN 978-1-876175-68-9

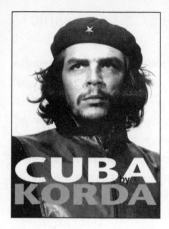

CUBA BY KORDA
Alberto Korda

If you don't know his name, you know his photograph of Che staring into the distance like a prophet, an image that has been reproduced on millions of T-shirts and posters around the world. This is the first publication of the work of the Cuban photographer Alberto Korda celebrated for his iconic photograph of Che Guevara. This book includes Korda's comments explaining the background to many of his incredible photos of the early years of the Cuban revolution.
TEXT IN ENGLISH

160 páginas | ISBN 978-1-920888-64-0

MARX Y ENGELS
Una síntesis biográfica
Ernesto Che Guevara

Texto hasta ahora inédito, escrito por el Che Guevara después de su contribución internacionalista en la contienda del Congo. Es una biografía en la que se refleja la esencia humanista de los fundadores del marxismo, así como el contexto y las reflexiones que sobre sus obras hiciera el Che

74 páginas | ISBN 978-1-921235-25-2

PUNTA DEL ESTE
Proyecto alternativo de desarrollo para América Latina
Ernesto Che Guevara

En Punta del Este, Uruguay, el Che Guevara enfrentó en 1961 a la Alianza para el Progreso (ALPRO) de John F. Kennedy, que pretendía el desarrollo de las Américas a partir del libre comercio. La alternativa del Che tenía como base la absoluta igualdad de todas las naciones.

160 páginas | ISBN 978-1-920888-86-2

CHE EN LA MEMORIA DE FIDEL CASTRO
Fidel Castro

Una biografía clásica. Fidel Castro escribe con franqueza y emoción sobre su histórico compañero revolucionario. Crea un vivo retrato de Che Guevara —el hombre, el revolucionario, el intelectual—que revela diversos aspectos de sus inimitables determinación y carácter. El libro incluye el discurso pronunciado por Fidel en 1997 a la llegada a Cuba de los restos del Che y de una parte de sus compañeros muertos junto a él en Bolivia

230 páginas + fotos I ISBN 978-1-921235-02-3

TANIA LA GUERRILLERA
Y la epopeya suraméricana del Che
Ulises Estrada

Tania, la mujer que combatió y murió por sus ideales junto al Che Guevara en Bolivia, deviene paradigma de rebeldía y lucha tenaz por la justicia social a través de estas páginas. Su compañero en Cuba, Ulises Estrada, ofrece la apasionante biografía de una vida consagrada a la liberación de América Latina. La presente edición incluye fotografías y amplios anexos.

Tania es protagonizada por Franka Potente en la película "Che".

334 páginas + 16 páginas de fotos I ISBN 978-1-920888-21-3

CHE Y LA REVOLUCIÓN LATINOAMERICANA
Manuel "Barbarroja" Piñeiro

Responsable de la política internacionalista cubana de apoyo a los movimientos de liberación en América Latina y África, Manuel Piñeiro colaboró de manera directa con el Che Guevara en las misiones del Congo y Bolivia. Este libro profundiza en el papel de Cuba en las gestas latinoamericanas, y ofrece honestas valoraciones sobre la vida y el legado del Che.

320 páginas I ISBN 978-1-920888-85-5

CHE DESDE LA MEMORIA
LOS DEJO AHORA CONMIGO
MISMO: EL QUE FUI

ERNESTO CHE GUEVARA

320 PÁGINAS + 200 FOTOS I ISBN 978-1-876175-89-4

Una visión intimista y humana del hombre que vive más allá del icono. Esta edición es una extraordinaria fuente histórica que conjuga fotografías y textos de Che Guevara, y los convierte en testimonios de su reflexiva mirada sobre la vida y el mundo. Contiene cartas, poemas, narraciones, páginas de sus diarios, artículos de prensa y fotos tomadas por él mismo.

CHE GUEVARA PRESENTE
UNA ANTOLOGÍA MÍNIMA

ERNESTO CHE GUEVARA

453 PÁGINAS | ISBN 978-1-876175-93-1

Una antología de ensayos y discursos que recorre la vida y obra de una de las más importantes personalidades contemporáneas: Ernesto Che Guevara. Reúne textos cumbres de su pensamiento y obra, y permite al lector acercarse a un Che culto e incisivo, irónico y apasionado, terrenal y teórico revolucionario.

El libro contiene cuatro secciones: la guerra revolucionaria en Cuba (1956-1958); los años de gobierno y construcción socialista en la Cuba revolucionaria (1959-1965); la solidaridad Internacional, con especial mirada a la revolución latinoamericana, y una sección de cartas, que incluye misivas a su familia.

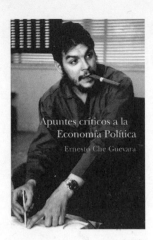

APUNTES CRÍTICOS A LA ECONOMÍA POLÍTICA

ERNESTO CHE GUEVARA

440 PÁGINAS | ISBN 978-1-920888-63-3

La publicación de los apuntes económicos inéditos del Che Guevara, redactados entre 1965 y 1966, nos introduce en sus minuciosos estudios sobre economía política. En estas páginas, el Che se apoya en una rigurosa metodología para abordar los diferentes criterios acerca de la conducción de la economía en el socialismo. Aunque se detiene en la experiencia del sistema soviético, dirige sus principales reflexiones a la transición socialista en el contexto del mundo subdesarrollado y al papel del sujeto como actor principal en la formación y transformación social.

«[…]en sus múltiples manuscritos, planes para futuros estudios, apuntes, cartas y discursos, el Che Guevara nos deja todo un programa de investigación. Articulando ética y crítica científica de la economía política, crítica científica y política, política y cultura, cultura e historia, historia y ética, Guevara nos invita, provocativamente, a retomar la herencia olvidada de Karl Marx[…]Aceptar el desafío ético del Che, retomando el programa teórico, político y epistemológico de Marx, nos permitirá volver a instalar en la agenda actual de la izquierda la perspectiva política radical, antiimperialista y anticapitalista, durante demasiado tiempo olvidada.»
—Néstor Kohan

LA GUERRA DE GUERRILLAS
EDICIÓN AUTORIZADA

ERNESTO CHE GUEVARA
PRÓLOGO DE

HARRY VILLEGAS «POMBO»

160 PÁGINAS I ISBN 978-1-920888-29-9

Ensayo clásico del Che Guevara, convertido en texto visitado tanto por admiradores como por adversarios. Se acerca a la experiencia de la lucha guerrillera en Cuba y de cómo un pequeño grupo rebelde, a pesar de sus limitaciones, conquistó el apoyo de todo el pueblo y derrocó el ejército de la dictadura batistiana. El manuscrito estaba destinado a ser revisado y ampliado por un «maestro de la guerra de guerrillas», el Comandante Camilo Cienfuegos, aunque su temprana muerte lo impidió. Años después, el propio Che emprendió la revisión y la ampliación del texto hasta el momento de su caída en Bolivia.

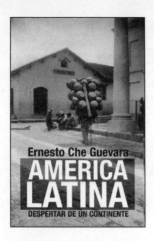

AMÉRICA LATINA
DESPERTAR DE UN CONTINENTE

ERNESTO CHE GUEVARA

495 PÁGINAS | ISBN 978-1-876175-71-9

La presente antología conduce al lector a través de textos que en tres etapas perfilan el ideario del Che sobre América Latina. Ordenada cronológicamente, esta selección de artículos periodísticos, ensayos, discursos, cartas y poemas abarca las experiencias de sus viajes de juventud, su activa participación internacionalista, el análisis teórico de la realidad del continente, y la gesta boliviana. Los textos aquí presentes, reunidos por primera vez en un solo volumen, incluyen numerosos materiales inéditos y facsímiles que develan otras facetas de su agudeza política, sensibilidad y pertenencia latinoamericanista.

DIARIOS DE MOTOCICLETA
NOTAS DE VIAJE POR AMÉRICA LATINA

ERNESTO CHE GUEVARA
PREFACIO POR ALEIDA GUEVARA

168 PÁGINAS + 24 PÁGINAS DE FOTOS

ISBN 978-1-920888-11-4

Libro inspirador de la película "Diarios de motocicleta". Conmovedor y vívido diario de viaje del joven Ernesto Guevara. Esta edición, prologada por su hija, Aleida Guevara, ofrece una nueva perspectiva del hombre y el símbolo mundial en que se ha convertido el Che. Incluye fotografías, hasta ahora inéditas, que tomó a los 23 años durante esta impresionante travesía por América Latina.

Conmovedor y vívido diario de viaje del joven Ernesto Guevara, donde narra su primera travesía por América Latina, y su descubrimiento de la realidad del continente. Esta edición, prologada por su hija, Aleida Guevara, ofrece una nueva perspectiva del hombre y el símbolo mundial en que se ha convertido el Che. Incluye fotografías, hasta ahora inéditas, que tomó a los 23 años y sinceras reflexiones que perfilan su aprendizaje y devoción hacia los pueblos latinoamericanos.

PASAJES DE LA GUERRA REVOLUCIONARIA

ERNESTO CHE GUEVARA
PREFACIO POR ALEIDA GUEVARA

320 PÁGINAS | ISBN 978-1-920888-36-7

La primera película "El Argentino" del director Steven Soderbergh y Benicio Del Toro se basa en este libro.

Texto clásico donde el Che Guevara describe y relata con realismo testimonial la guerra revolucionaria de Cuba. Transformadora de todo un pueblo, esta epopeya convirtió al médico de las tropas guerrilleras en un símbolo rebelde de alcance mundial. Junto a El Diario del Che en Bolivia, Pasajes de la guerra revolucionaria fue uno de los libros inspiradores de la reciente película sobre su vida, realizada por el cineasta norteamericano Steven Soderbergh. La presente edición incluye sus correcciones a la versión original y un prefacio de su hija Aleida Guevara.

«Desde hace tiempo, estábamos pensando en cómo hacer una historia de nuestra Revolución que englobara todos sus múltiples aspectos y facetas... pero los trabajos son múltiples, van pasando los años y el recuerdo de la lucha insurreccional se va disolviendo en el pasado sin que se fijen claramente los hechos que ya pertenecen, incluso, a la historia de América. Por ello, iniciamos una serie de recuerdos personales de los ataques, escaramuzas, combates y batallas en que intervinimos.»—Che Guevara

EL DIARIO DEL CHE EN BOLIVIA

ERNESTO CHE GUEVARA

PREFACIO POR CAMILO GUEVARA

INTRODUCCIÓN DE FIDEL CASTRO

320 PÁGINAS + 32 PÁGINAS DE FOTOS

ISBN 978-1-920888-30-5

La segunda película "El Guerrillero" del director Steven Soderbergh y Benicio Del Toro se basa en este libro.

El último de los diarios escrito por el Che Guevara, que compila los cuadernos de notas hallados en su mochila después de su asesinato, perpetrado en La Higuera, Bolivia, por orden de los gobiernos de Lyndon B. Johnson y René Barrientos en 1967. Devenido uno de sus más célebres textos, este libro narra sus vivencias en pos de extender la experiencia revolucionaria al resto de América Latina.

Esta edición, publicada en conjunto con el Centro de Estudios Che Guevara, fue revisada por Aleida March, la compañera del Che. Incluye un prefacio de su hijo mayor, Camilo Guevara, y una introducción de Fidel Castro, así como mapas y fotos de la misión boliviana.

«SI USTED ES CAPAZ DE TEMBLAR DE INDIGNACIÓN CADA VEZ QUE SE COMETE UNA INJUSTICIA EN EL MUNDO, SOMOS COMPAÑEROS.»

ERNESTO CHE GUEVARA

¡HASTA LA VICTORIA SIEMPRE!